HOMENAJE
a Celia en Cuba

ELMER CASTILLO

Revisión Editorial: Alexis López Hernández
Curaduría y Diseño: Adriel Pérez Labañino

ISBN: 979-8-9930888-3-9

Elmer Castillo | Florida, USA
www.arthabanos.com
info@arthabanos.com

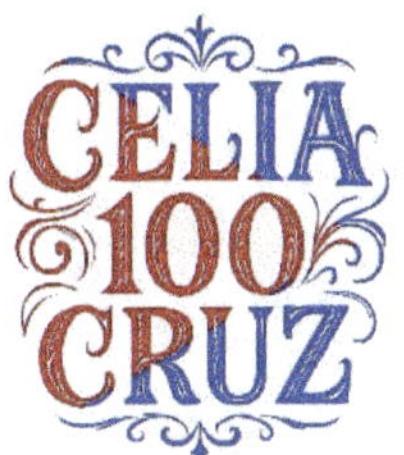

A la memoria de Celia Cruz en su cien aniversario

A todos los jóvenes cubanos dispersos por el mundo

TABLA DE CONTENIDO

AGRADECIMIENTOS

A Carlos Díaz y a los actores de la Compañía de Teatro El Público, por el profesionalismo y el cariño demostrado hacia la figura de Celia Cruz.

A mis colegas Yanzel Medina y Adriel Pérez por montarse en esta barca de arte para Celia.

Al historiador y amigo Emilio Cueto por abrirme su colección privada de historia y artículos relacionados con la vida de Celia Cruz.

A X Alfonso y Sandra Lopes por haber aceptado y apoyado desde el primer día nuestra propuesta de homenaje a los 100 años de Celia en la Fábrica de Arte Cubano.

A Yumey Besú, Padre Ariel Suárez Jáuregui y todos los que anónimamente han puesto su granito de arena a este proyecto.

A Indira Almeida-Pardillo y Omer Pardillo-Cid por salvaguardar la herencia histórica de La Guarachera de Cuba.

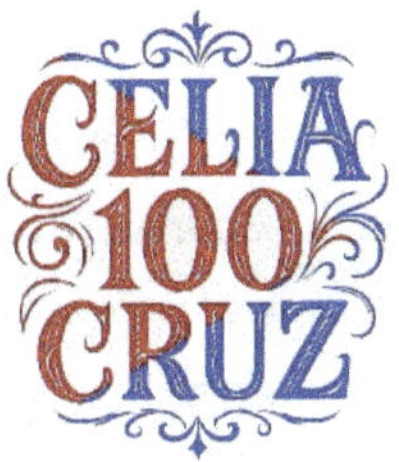

NOTAS DEL AUTOR

Mi afición por Celia Cruz surgió en mi natal Guantánamo, en aquellos días en que, armado de paciencia y de una vieja radio de onda corta, me dedicaba a escuchar emisoras lejanas. Era diexista por pura curiosidad -no te quedes con la duda y googlea esa palabra- y en más de una ocasión lograba sintonizar las señales de la Base Naval de Guantánamo, su canal 8 de televisión y las estaciones de radio norteamericanas. Recuerdo la emoción de oír, o tal vez imaginar, la voz de Celia cruzando el aire, escapando por un instante de las fronteras del silencio impuesto. Aquella voz -libre, poderosa, cubanísima- fue mi primer vínculo con Celia. Luego llegaron los casetes de audio de mi padrino Pando que escuchábamos bajito en el patio, los vídeos en VHS de *Somos un solo pueblo* del Banco Popular de Puerto Rico y más tarde los CDs que se conseguían con quienes venían de la *"comunidad"*. ¡Todo de contrabando, por supuesto!

Años después, esa pasión me llevó a soñar con rendirle homenaje a La Reina de la Salsa en su propia tierra. El punto de partida fue la primera reunión con Carlos Díaz en la Mansión Castillo. El lugar es íntimo, casi mágico, pero sabíamos que el homenaje necesitaba un escenario más amplio. El Trianón, sede de Teatro El Público, era impensable porque el tablado está plagado de comején. Por eso acudimos a X Alfonso y Sandra Lopes, de la Fábrica de Arte Cubano, quienes acogieron la idea con entusiasmo y generosidad desde el primer momento.

Los ensayos fueron una fiesta de música, teatro y color. Actores y bailarines se entrelazaban para reconstruir, desde la escena, el espíritu indomable de Celia. Recuerdo especialmente el gesto generoso de Elsita y Jorge Perugorría, que nos prestaron unos tacones brillantes para que el show tuviera ese toque estelar de "azúcar" que Celia merecía.

Planeábamos también una exhibición de varias piezas de artes plásticas y un show de pintura en vivo que haríamos a dúo Yanzel Medina y yo. La idea era que, durante la función, pintaríamos un retrato de Celia hecho con retazos de los vestidos de los actores y tierra de Santo Suárez, que ellos mismos irían colocando sobre el lienzo mientras cantaban. Era un acto de restitución simbólica para tratar de devolver a Celia la tierra que le fue negada.

Pero la ilusión se quebró de golpe. Las autoridades del Ministerio de Cultura de Cuba y del Centro Nacional de la Música cancelaron el homenaje sin explicaciones, solamente con la frase "no se realizará". Lo cierto es que el gobierno censuró el tributo, temeroso del poder simbólico de esa mujer que todavía, desde la distancia, seguía cantando la verdad más simple, la de una Cuba que es de todos.

He querido convertir lo que iba a ser el catálogo de la exposición, en este pequeño libro que tienes en tus manos, para que sea el testimonio de los hechos ocurridos en los días previos y sucesivos al planeado homenaje a Celia Cruz en Cuba. Quizás olvido un nombre, quizás olvido un detalle, pero la intención primera de estas líneas es evitar que nos siga carcomiendo la mala memoria.

Solapada
compartiendo el recuerdo
de las cosas y los ratos amables,
se hace pasar por buena
y hasta puede llegar a consolamos;
pero la mala memoria nunca nos abandona.
VICENTE ECHERRI

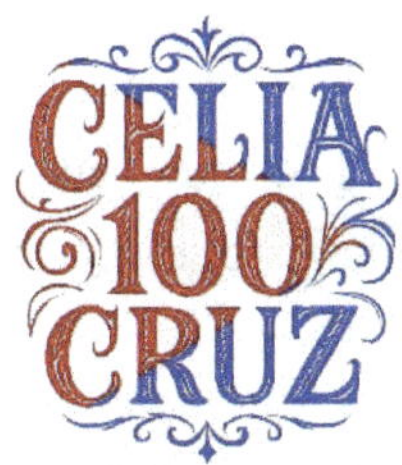

Capítulo 1
HERENCIA Y ESPERANZA

"Ustedes son la dulce esperanza de la patria, y no hay patria sin virtud ni virtud con impiedad."

Con estas palabras, el padre Félix Varela nos enseñó que el destino de Cuba descansa en las manos limpias y los corazones firmes de sus jóvenes. Hoy, cuando las fronteras se confunden y las raíces se intentan borrar deliberadamente, esa frase de *Cartas a Elpidio* vuelve a resonar con ímpetu en nuestros corazones. Hablar de patria no es repetir consignas o marchar con la mente y el estómago en blanco, sino reconocer aquello que nos une en lo más profundo: nuestra lengua, nuestra herencia de más de 500 años, nuestra cultura y nuestra memoria. Y es esa memoria la que debemos preservar, la que define a Cuba y la que hace patria.

Las nuevas generaciones son herederas, en sus genes, de la memoria sonora de Cuba: los tambores de los behiques, los cantos de los cimarrones en los palenques, el changüí en los cafetales de Guantánamo o la Habanera de Lecuona, la dulce letra de La Bayamesa o la vibrante tonada del Himno de Bayamo.

Muchos son los nombres que escribieron, y siguen escribiendo, esa memoria que nos hace sonar a Cuba, que nos identifica entre todos los sonidos del mundo. Pero hay uno que ilumina más esa historia, uno que brilla con un resplandor único y especial: Celia Cruz, la reina de la salsa, la voz del azúcar y el ritmo, La Guarachera de Cuba. Celia cantó desde Cuba para el mundo y desde el mundo para Cuba y, aunque el destino le impuso el dolor de la distancia aprendió como nadie a convertir el exilio en esperanza.

Celia Caridad Cruz Alfonso nació en La Habana el 21 de octubre de 1925, en un barrio de clase obrera donde la música era un lenguaje cotidiano. Desde pequeña descubrió que su voz podía encender sonrisas y borrar tristezas. En las radios sonaban los sextetos, los soneros, las guarachas, y ella los imitaba con un talento que deslumbraba a todos en las cercanías del parque Tamarindo en Santo Suarez.

El sueño familiar era ver a Celia convertida en maestra, y lo cumplió graduándose de maestra en la Escuela Normal para Maestros, pero el destino la llevó al micrófono y los escenarios, y allí encontró su verdadera vocación: ser la voz del pueblo cubano.

Corría el año 1949, Celia lucía el brillo de sus 24 añitos, el son y el mambo hacían vibrar los salones de La Habana, y fue cuando la legendaria orquesta La Sonora Matancera, la convirtió en voz de la agrupación y de ahí en su figura más carismática. El timbre poderoso de su voz, su ritmo natural y su energía arrolladora conquistaron todos los escenarios, allende y aquende los mares. Era una época de esplendor para la música cubana, y Celia su más brillante luminaria.

Tras el triunfo de la revolución de 1959, la historia cambió especialmente para los artistas que vieron y sufrieron clausura de teatros, casinos, cabarets y night-clubs, los cuales fueron considerados impropios y contrarios a los valores morales de la ideología socialista que se imponía en el país. Los miembros de La Sonora Matancera que justo regresaban de una gira internacional, comenzaron a darse cuenta que todo estaba cambiando para peor y es cuando deciden irse a México, en un viaje que algunos, incluso Pedro Knight, consideraron era temporal. Así describían esta situación Omer Pardillo-Cid, albacea testamentario de Celia y el mismo Pedro Knight en una entrevista a la BBC.

Y a poco más de un año de la salida de Celia, Pedro y La Sonora Matancera, llegó el histórico "dentro de la revolución todo, fuera de la revolución nada", que, entre muchas restricciones, impuso estrictas condiciones a los artistas e intelectuales cubanos para salir del país y poder volver a la isla.

Para Celia, el no haber podido regresar a su Cuba natal, fue una herida en su alma que nunca cicatrizó. El gobierno cubano le negó el regreso incluso cuando murió su madre. Esa imposibilidad de despedirse de su Ollita fue el mayor dolor que ensombreció su corazón de por vida.

En enero de 1990, Celia fue invitada a dar un concierto en la base naval de Guantánamo. Fue lo más cerca que pudo estar de su tierra natal desde su salida 30 años atrás. Apenas aterrizó su vuelo y descendió la escalerilla del avión, lo primero que hizo fue besar la tierra, su propia tierra. Al día siguiente la llevaron a la cerca perimetral fronteriza y desde allí pudo ver hacia el otro lado, que, aunque sigue siendo "el lado oscuro", ella lo miró con sus ojos llenos de luz. Allí recogió un puñado de tierra cubana que conservó con amor. Y quiso que esa tierra la acompañara en su viaje eterno, para no irse del todo. En su tumba del Cementerio de Woodlawn en New York descansa un pedacito de Cuba, símbolo de que el amor por la patria no conoce fronteras.

Celia Cruz fue la embajadora más luminosa de la cultura cubana. Desde su exilio, llevó el sabor del Caribe a los cinco continentes. En los escenarios de New York, Puerto Rico, Venezuela, España y África, su voz se volvió bandera. Cantó junto a figuras como Tito Puente, Johnny Pacheco, Willie Colón y la Fania All Stars, convirtiéndose en ícono de una generación que celebraba la libertad a través del ritmo.

Su grito inconfundible -Azúcaaaaar- se volvió símbolo de entereza, una afirmación de identidad latina y afrodescendiente y de alegría invencible. En cada nota había historia habanera, en cada gesto estaban las raíces de Santo Suarez.

Celia Cruz rompió barreras. Fue mujer en un mundo de hombres, fue negra en una industria donde el racismo aún pesaba, y siguió siendo cubana y lo proclamaba como una declaración de fe, aunque hubiera mar y muros de por medio.

Recibió doctorados *honoris causa*, premios Grammy, reconocimientos en todo el mundo, pero sobre todo recibió el cariño inmenso de su pueblo. Porque en ella el arte se unió con la virtud, y su ejemplo de amor a la patria ha trascendido generaciones y ha opacado los corazones impíos.

Hoy, al cumplirse cien años de su nacimiento, el mundo entero celebra su legado. En las calles de New York suena su música, en los festivales de salsa se evocan sus vestidos y pelucas multicolores, y en Cuba, su nombre se pronuncia con respeto y amor. Porque ningún decreto de censura ni ninguna ideología puede borrar la huella de una artista que pertenece al alma de su pueblo.

Celia Cruz representa la esencia misma de lo cubano. La mezcla de dolor y alegría, de fe y desafío, de ritmo y ternura. Ella nos enseñó que se puede ser fiel a la patria incluso desde la distancia.

A ustedes, jóvenes cubanos, les pertenece su legado. Que la voz de Celia les recuerde siempre que la patria se defiende también con la cultura, con la música, con la bondad y con la esperanza. Que ser cubano es crear, cantar, compartir y amar.

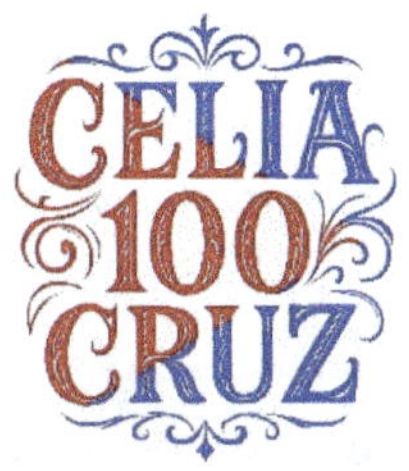

Capítulo 2
CARTA ABIERTA

Nota editorial

Esta carta ha sido escrita por el autor de este libro como un homenaje literario en el centenario de Celia Cruz, inspirado en sus entrevistas, discursos, canciones y el espíritu indomable que marcó su vida. No pretende ser una reproducción literal, sino una recreación simbólica de su voz y su legado, dirigida a los jóvenes de hoy, guardianes de la cultura y de la esperanza y herederos del pensamiento del Padre Félix Varela.

Carta abierta a los jóvenes

Queridos muchachos y muchachas de Cuba, de América y del mundo:

Les habla Celia Cruz. Sí, la misma negra de Santo Suárez, la que soñó con cantar en la radio de Cuba y acabó cantándole al mundo entero. La que gritó Azúcar para endulzar el alma y espantar los momentos amargos.

He vivido cien años en canciones, en recuerdos, en corazones y hoy, desde donde estoy -en este cielo lleno de tambores, maracas y estrellas- quiero decirles algo que me sale del alma: no dejen morir la alegría, no dejen morir la cultura, no dejen morir la esperanza de la patria.

Cuando era joven, nadie me regaló un mapa del camino. Tuve que luchar para que me escucharan, para que me respetaran, para que creyeran en mí. Y cuando la vida, valiéndose de corazones malos, me mantuvo lejos de mi tierra, aprendí que el dolor se cura con amor y trabajo y que el rencor nos roba el brillo del alma. Por eso siempre les dije que la vida es un carnaval, y hay que vivir cantando.

Muchachos, la alegría no es una frivolidad. La alegría es un acto de rebeldía frente al miedo, una manera de decir "estoy aquí, sigo viva, sigo soñando." No se rindan ante la tristeza ni ante la rutina. Luchen por su arte, por su país, por sus sueños. Que no les digan que la cultura es lujo porque en realidad, la cultura es vida y es la herencia que ustedes también les dejarán a sus hijos.

Jóvenes, amen a su país más allá de las ideologías. No dejen que nadie les robe el amor por su tierra ni la dignidad de su gente. Cuiden las tradiciones, las palabras, los ritmos, los olores, los gestos que nos hacen ser quienes somos.

Muchos piensan que el arte no cambia el mundo, pero yo les digo que sí lo cambia, aunque sea un poquito. Una canción puede curar una herida, una pintura puede abrir una puerta, un poema puede encender una conciencia. El arte es la semilla que hace florecer la humanidad.

Queridos míos, aunque les cierren las puertas, aunque los censuren, aunque los duden, no dejen nunca de cantar, bailar, escribir, pintar, actuar y soñar.

Y nunca olviden que la bondad también es una forma de arte. Sean buenos, sean nobles, sean solidarios. Ayuden a quien tropieza, escuchen al que sufre, abracen al que teme. Eso también es crear belleza en el mundo.

Mis niños, mis niñas, la vida les va a poner pruebas, y algunas dolerán. Pero no dejen que el dolor les robe la luz. Cada mañana, mírense al espejo y repítanse, "soy parte de algo hermoso; mi cultura, mi gente, mi historia."

Y cuando el miedo o la desesperanza les susurre al oído, respondan como yo lo hice toda la vida, con una sonrisa, con una canción, con un Azúcar que espantaba la oscuridad.

Hoy los miro, jóvenes de todas partes, y me siento tranquila porque sé que hay nuevos Celias, nuevos Pedros, nuevos músicos, poetas, soñadores que siguen creyendo que mientras se mantenga viva la llama del arte también se mantiene viva la patria.

Así que salgan al mundo con alegría, con orgullo, con respeto. Defiendan la cultura como se defiende el aire que respiramos. Y cuando necesiten fuerza, recuerden que no hay tristeza que dure, ni censura que apague una canción, ni exilio duradero que borre la raíz del alma.

Les dejo mi bendición, mi canto, y mi fe en ustedes. Sigan bailando, sigan soñando. Y no olviden nunca que ustedes son la esperanza de la patria.

Con amor eterno,

Celia Cruz

La Guarachera de Cuba

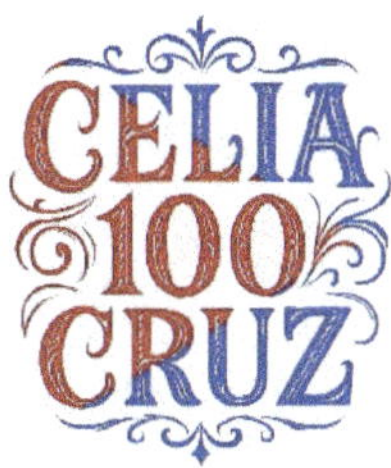

Capítulo 3
HOMENAJE EN CUBA

Durante más de seis décadas, el nombre de Celia Cruz fue borrado de la radio, la televisión y la prensa oficiales de la isla. No fue un olvido o un documento traspapelado. Fue una política milimétricamente orquestada.

Tras su salida de Cuba en 1960 y su abierta postura crítica con el gobierno, Celia fue suprimida del relato cultural estatal. Su música dejó de programarse, desapareció de las parrillas de transmisiones, su figura y sus triunfos fueron minimizados o ignorados.

Hoy las cintas de audio de la música de Celia, descansan en alguna colección privada, adquiridas en un mercado negro o rescatadas de un húmedo y oscuro cuarto de la CMQ o Radio Progreso.

Cuando Celia falleció, el 16 de julio de 2003, la respuesta oficial en Cuba fueron unos acordes que, lejos de sonar a réquiem, se convirtieron en una tribuna política y un manido alegato en la sección cultural del diario *Granma*, de dos escuetos párrafos, sin foto y en páginas interiores. La cobertura internacional contrastó con ese silencio; medios extranjeros registraron la sequedad y la intención de minimizar a quien había sido ya, en vida, patrimonio de América.

La censura no fue un episodio agudo. Fue sistemática y crónica. Generaciones de cubanos crecieron sin oír a Celia en los medios estatales.

El reciente centenario ha dejado al descubierto una paradoja. Mientras fuera de Cuba su figura crece -museos, conciertos, programación académica, homenajes en grandes escenarios- dentro de Cuba se intentaron frenar incluso tributos simbólicos. Pero la gente, especialmente los jóvenes, se movilizaron con una misa en la Iglesia de la Caridad de La Habana, estrella de la fama develada en Fabrica de Arte Cubano, artistas que alzaron la voz, espacios culturales que respondieron a las cancelaciones con símbolos de resistencia, exposiciones de artes plásticas en espacios alternativos, exposición de carteles "Dulce Centenario" … La censura puede enmascarar su rostro, pero la reacción cívica es cada vez más visible.

La historia de la censura contra Celia Cruz es la crónica de cómo un pueblo protege su memoria cuando las instituciones fallan arbitrariamente. La herencia cultural y la memoria sonora no caben en un decreto. Por eso Celia, prohibida en las ondas radiales y televisivas de Cuba, nunca dejó de sonar en los patios, en las fiestas privadas, en los exiliados, en las bocas de los que la llevan en sus corazones.

Hoy, pese a décadas de silencios impuestos, la Reina de la Salsa sigue en su trono con la corona invicta de la voz que ningún poder pudo callar.

Cápsulas de Tiempo

Dibujar a Celia en un palmar cubano, verla sonreír con la naturalidad de su azúcar o imaginarla fumando un habano -cosa que no se si alguna vez hizo- son los móviles para esta serie de *Cápsulas de Tiempo* que he creado para este homenaje.

El proceso de creación e inspiración ha sido una fiesta acompañada de música y charlas imaginarias con La Guarachera de Cuba, mientras que la práctica artística se ha fundamentado en la exploración de la memoria cultural como territorio visual.

Esta serie neofigurativa se articula como un estudio sobre la identidad, la persistencia simbólica y los mecanismos de trascendencia a través del arte. Mi intención no es reproducir fielmente un retrato, sino activar una constelación de significados que, a través de la figura de Celia, dialoguen con el tiempo, la historia y la sensibilidad contemporánea.

Trabajo mediante un proceso técnico que he desarrollado de manera personal superponiendo capas sucesivas de acrílico, materia y resina, un método que me permite construir profundidad visual, variaciones lumínicas y efectos de sedimentación conceptual. Cada estrato funciona como un gesto arqueológico -una acumulación de presente y pasado- donde la superficie pictórica se convierte en un espacio de memoria. Esta técnica, que combina transparencia, veladura, espesor y tridimensionalidad, además de definir mi lenguaje plástico, sostiene la noción de que la imagen es siempre un palimpsesto.

La serie se inscribe dentro de la neofiguración porque utiliza la figura humana como punto de partida, pero desarticulada del realismo tradicional. Celia Cruz aparece como presencia vibrante, reinterpretada a través del color, el gesto y la construcción simbólica. Su rostro no es el eje principal sino la energía cultural que encarna. Así, otorgo mayor relevancia a los elementos que la rodean -monedas, hojas de tabaco, sellos postales, tierra del barrio de Santo Suárez, fragmentos de cajas de tabaco y patrones visuales- que funcionan como artefactos generadores de sentido.

Estos materiales de carácter orgánico, histórico y documental actúan como dispositivos de anclaje temporal. Integrarlos en el lienzo convierte cada obra en una cápsula de tiempo, en un contenedor visual donde se preservan huellas, texturas y memorias que dialogarán con generaciones futuras. Su inclusión establece puentes entre la biografía de Celia, la diáspora cubana, la construcción de identidad en el exilio y la salvaguarda de la cultura a través del objeto artístico.

El color, deliberadamente saturado y expansivo más allá de un recurso estético, es un código simbólico que evoca energía, música y vitalidad. Las composiciones buscan capturar la fuerza performativa de Celia, que deja de ser figura individual para convertirse en un fenómeno cultural de alcance transnacional.

En su conjunto, esta serie propone una reflexión sobre cómo el arte puede preservar legados, activar memorias y proyectarlas hacia el futuro. Mi aspiración es que cada pieza trascienda su propio tiempo histórico y se convierta en un archivo visual de identidad, que sea parte de la herencia cultural y sonora que nos ha legado La Reina de la Salsa.

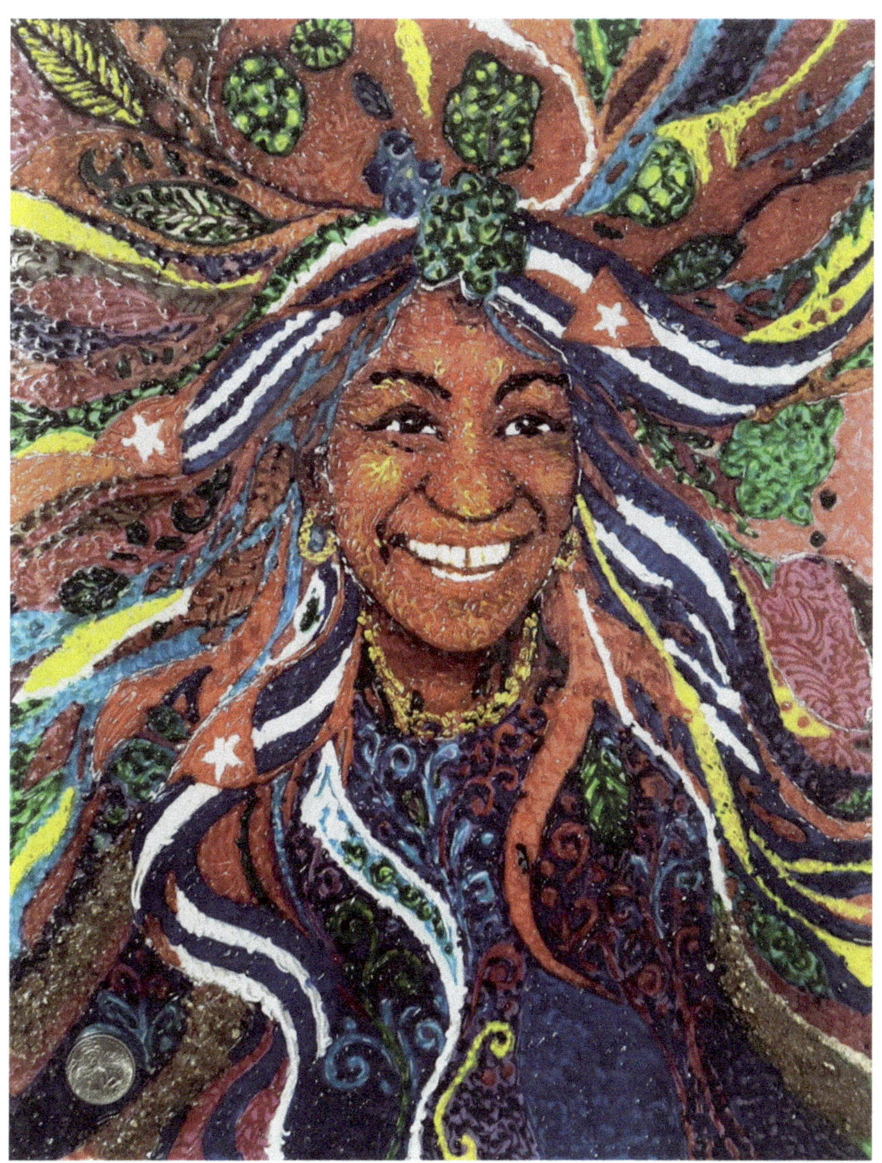

Título: Cintas, lazos y banderas

Acrílico y resina sobre lienzo

11" x 14"

2025

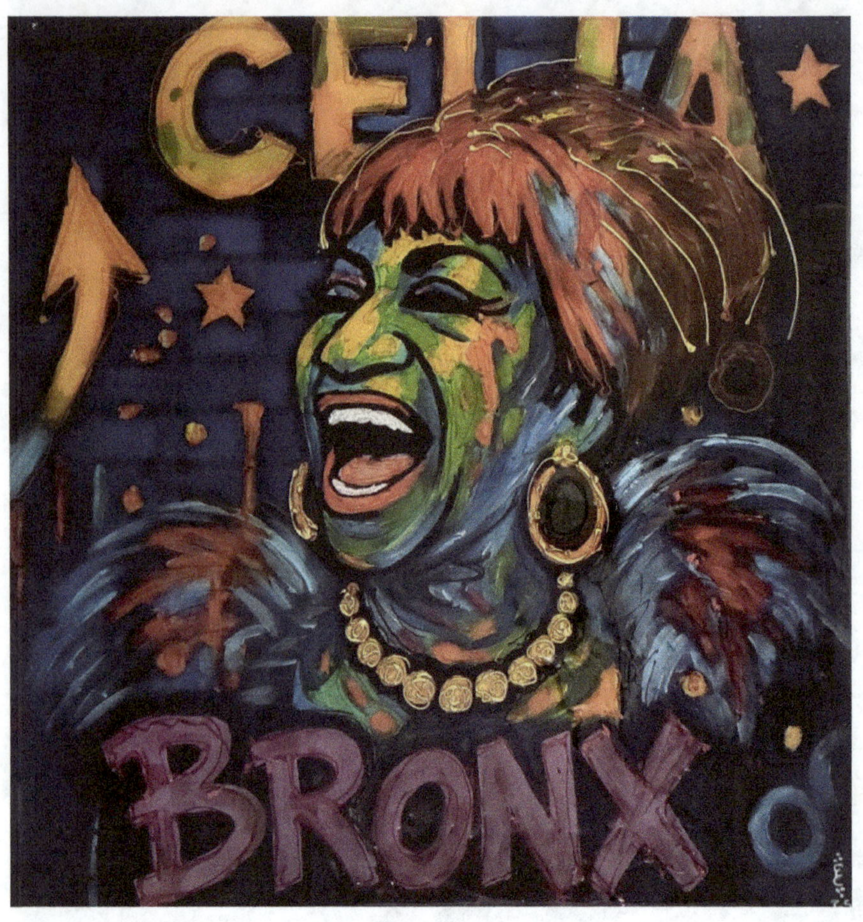

Título: Celia Bronx

Acrílico y resina sobre lienzo

30" x 30"

2025

Puente del Bronx a La Habana

Aparece tu risa en el Bronx, Celia, abriendo un túnel de luz en la noche más azul. Tu rostro pintado en verde, oro, rojo y fuego es una explosión de ritmo que corre por las venas de la ciudad, como si New York entera fuera una rumba desbocada esperando tu Azúcar para encenderse.

Te veo avanzar entre flechas que señalan el cielo, estrellas que te escoltan, grafitis que te llaman por tu nombre. El Bronx te reclama como se reclama a una reina perdida que siempre estuvo allí.

Y tú, Celia, respondes con una carcajada que quiebra los ladrillos y libera a los colores, azul que abraza, rojo que arde, verde que danza.

Cantas, Celia, aunque estés pintada. Cantas porque tu voz no necesita permiso para volver. Cantas porque tu risa sola ya es música, ya es carnaval, ya es puente entre La Habana, New York y el universo entero.

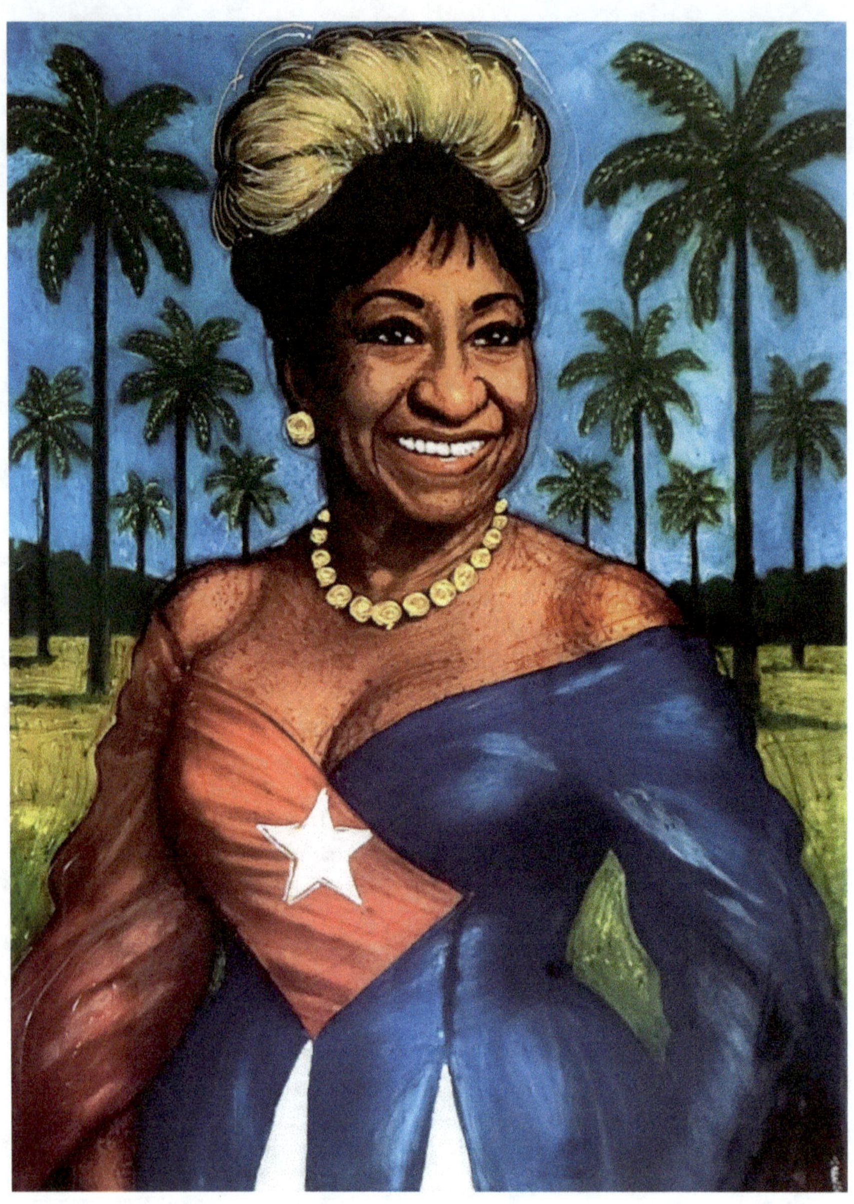

Título: Tan Cubana como las palmas

Acrílico y resina sobre lienzo

40" x 30"

2025

Renacer

Te alzas en medio del paisaje como si la tierra misma te hubiese llamado por tu nombre. Detrás de ti, las palmas se estiran hacia el cielo azulísimo, orgullosas, erguidas, tan cubanas como un son al amanecer. Y tú vestida de isla, memoria y canto sonríes con la fuerza de quien se sabe tan cubana como las palmas.

El sol cae suave sobre tus hombros y despierta el rojo vivo de tu vestido, donde la estrella blanca brilla como un suspiro detenido. La bandera bordada en tu esbeltez late en tu pecho y se despliega como un abrazo antiguo que te sigue protegiendo.

Has regresado a la tierra que se quedó dormida en tus canciones, a las palmas que te vieron crecer en historias, a la brisa salada que nunca se despidió de tu risa.

Vuelves, simplemente, a renacer en esta isla.

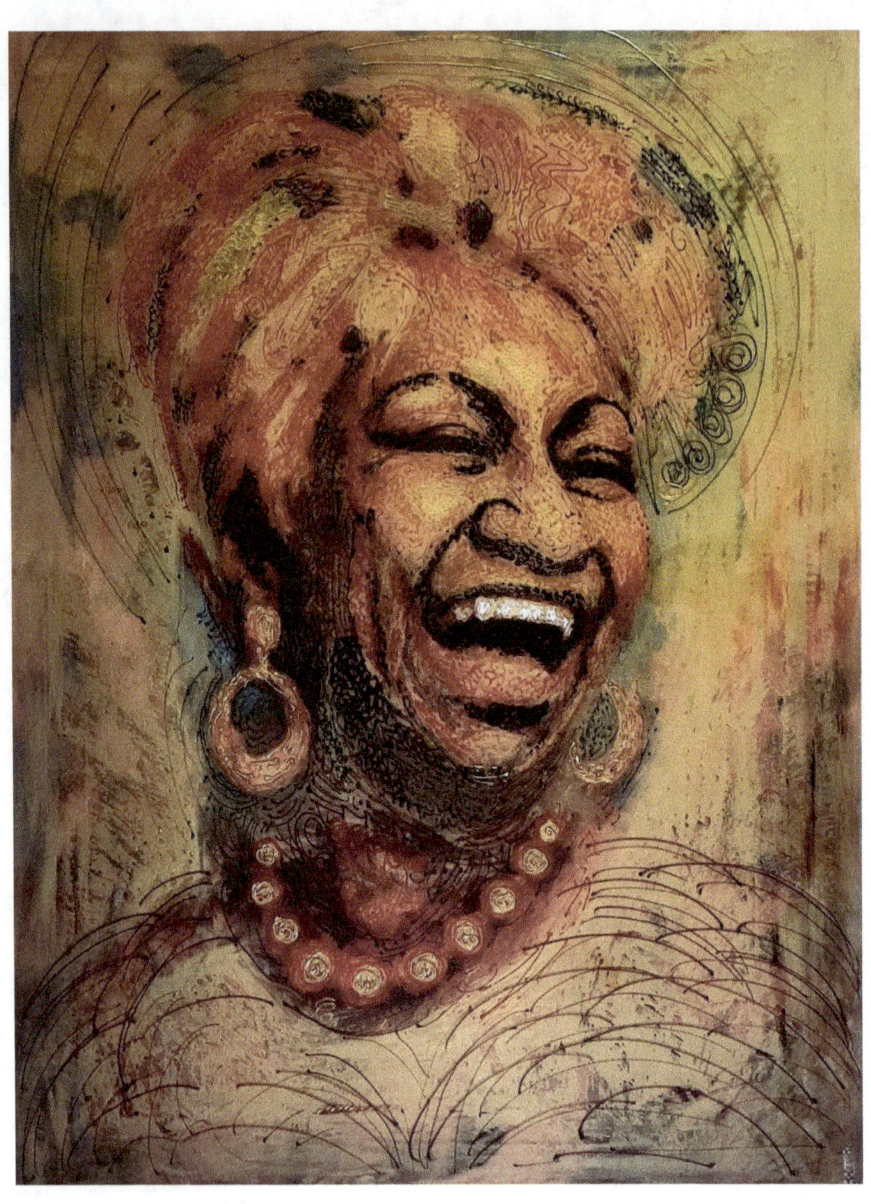

Título: Sonrisa Eterna

Acrílico y resina sobre lienzo

40” x 30”

2025

Matices de oro

Suena tu risa, Celia, antes que el color. Suena como un bongó que despierta al alba, como unas maracas que se abren paso entre las sombras. La música brota de tus labios antes que cualquier trazo.

Los matices bailan en torno a tu sonrisa eterna. El rosa se desliza, el naranja se contonea, el dorado rueda como un solo de piano cayendo desde el cielo.

Tus ojos, entrecerrados por la felicidad que explota, guardan en su sombra el eco de una melodía eterna, una melodía que cantas con el alma y un coro de fondo que nunca termina.

Y tú, en el centro, riendo como quien dirige el universo musical con un gesto sencillo y perfecto.

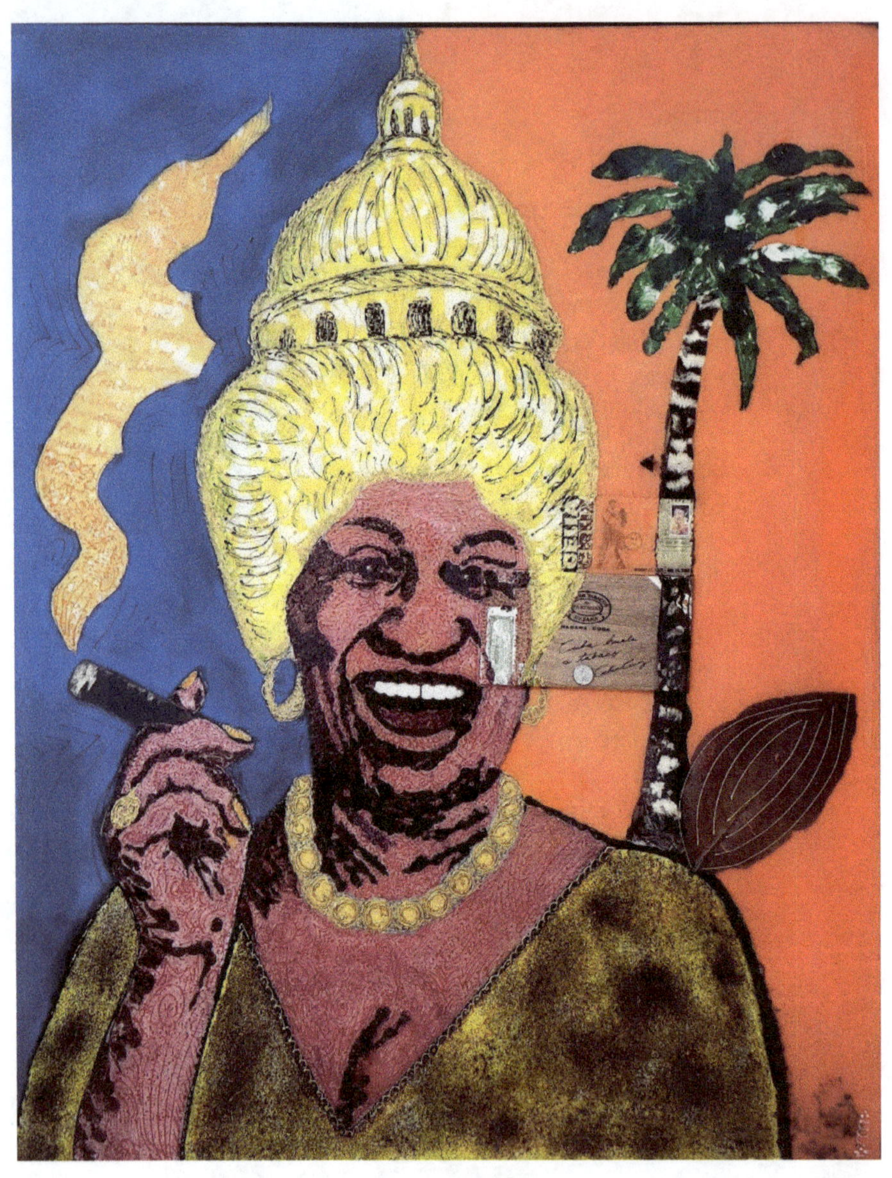

Título: Con sabor a tabaco, son montuno y guayaba

Acrílico y resina sobre lienzo

48" x 36"

2025

La corriente que te llama

Te levantas como un altar tropical, construido con risas, recuerdos y el aroma dulce de lo que nunca se olvida.

Un capitolio dorado te corona, convertido en peinado, que parece tocar el cielo mientras tu ríes, libre, luminosa y eterna.

Tu piel vibra como fruta madura bajo el sol del trópico y tus ojos brillan como si el Caribe entero te habitara. Y entre tus dedos, un tabaco encendido respira humo lento, en espiral danzante entre el azul y el naranja como si fuera un fantasma festivo del pasado.

La palmera que se alza detrás, orgullosa, parece saludarte con hojas que tiemblan de alegría, prestas a fiesta. Fiesta que huele a tabaco recién torcido, a guayaba dulce, a ron y a son montuno.

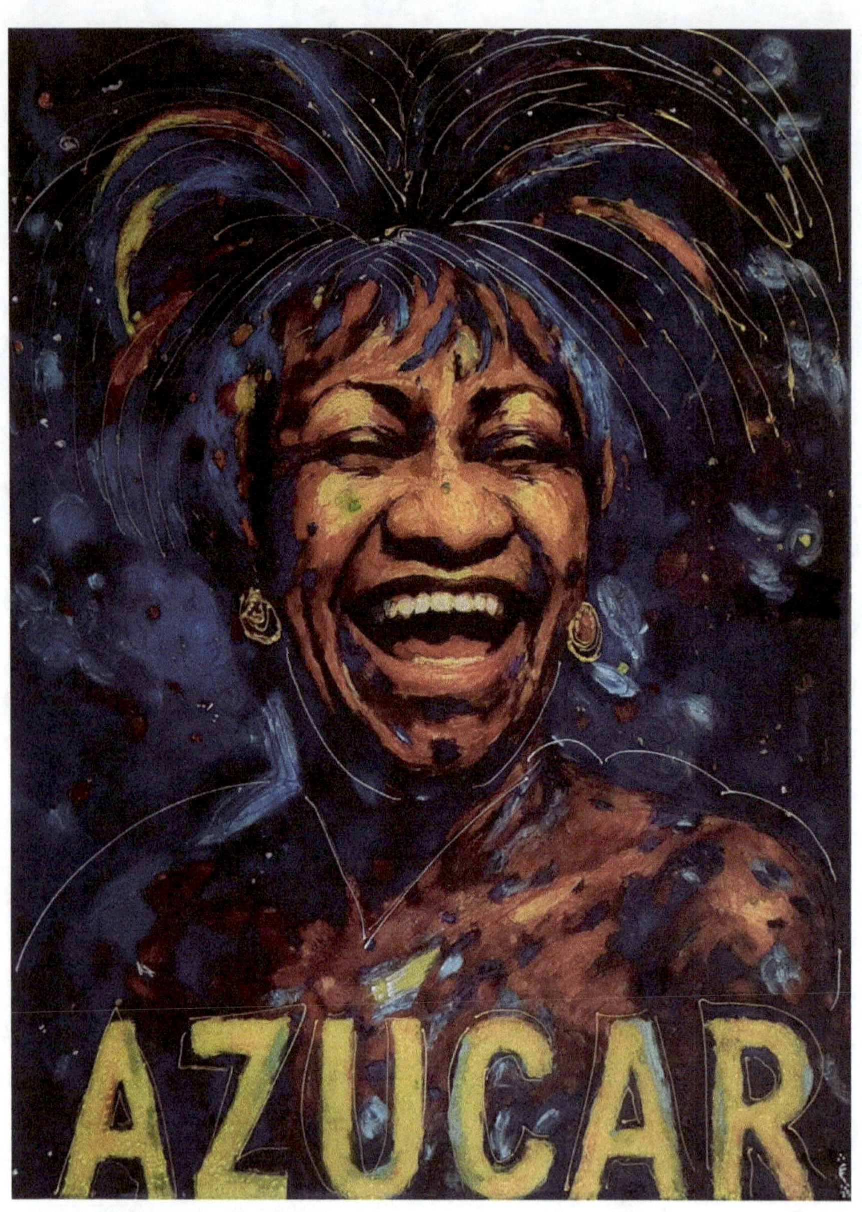

Título: Celia Multicolor

Acrílico y resina sobre lienzo

40" x 30"

2025

100 Colores

Un estallido de colores como si el firmamento hubiera decidido bailar. Tu risa abre un portal luminoso donde el azul, el rojo, el oro y el fuego se mezclan sin pudor, como músicos improvisando un coro de salsa en plena galaxia. Es como si el cielo nocturno te hubiese escogido para ser su reina y te coronara con un carnaval de luz.

La piel multicolor, iluminada en rojos y naranjas ardientes, parece hecha de constelaciones tropicales. Eres tú misma Celia, un mapa del Caribe, un cometa de ritmo, una llamarada que canta en las alturas. Y tu pecho, encendido, parece latir al compás de un coro eterno que sigue repitiendo tu nombre entre montunos y pregones.

Memorias que Cantan

La serie pictórica *Memorias que Cantan* del artista Yanzel Medina, se inscribe en un territorio donde la memoria individual y la experiencia cultural colectiva se articulan a través de un lenguaje visual que oscila entre lo íntimo y lo monumental. Su enfoque, profundamente testimonial, no busca simplemente representar una biografía, sino reconstruirla desde una perspectiva afectiva, simbólica y crítica. Las pinturas convocan al espectador a un espacio donde las imágenes actúan como manifestaciones visuales de una vida cuya trascendencia se extiende más allá de su propia corporeidad.

La técnica escogida -óleo sobre lienzo y acrílico en aguada- resulta especialmente significativa dentro del marco testimonial. La aguada, con su capacidad para generar transparencias y transiciones suaves, opera como metáfora de la memoria: una superficie donde los recuerdos emergen, se filtran, se mezclan y se transforman. El uso del color negro y la preferencia por tonos monocromáticos refuerzan esta cualidad suspendida, como si cada imagen fuera un recuerdo en proceso de revelarse.

En conjunto, la serie constituye una exploración visual de la memoria que se alinea con enfoques contemporáneos en estudios culturales y testimoniales. No busca fijar una verdad única sobre Celia Cruz, sino abrir un espacio donde las memorias se interpreten, se sientan y se reconstruyan. El testimonio, entendido como narrativa personal con resonancia colectiva, encuentra en estas pinturas un medio privilegiado para expandirse más allá del lenguaje oral o escrito. Las imágenes actúan como huellas emocionales que trascienden la palabra.

Memorias que Cantan rinde homenaje a la extraordinaria vida de Celia Cruz y propone una reflexión profunda sobre cómo se construyen, conservan y transmiten las identidades culturales. Cada pieza de la serie invita a pensar en el acervo histórico cultural cubano que, a pesar de haber sido conscientemente mutilado y censurado, se expande, sigue viajando, sigue cantando, incluso más allá de su propia historia.

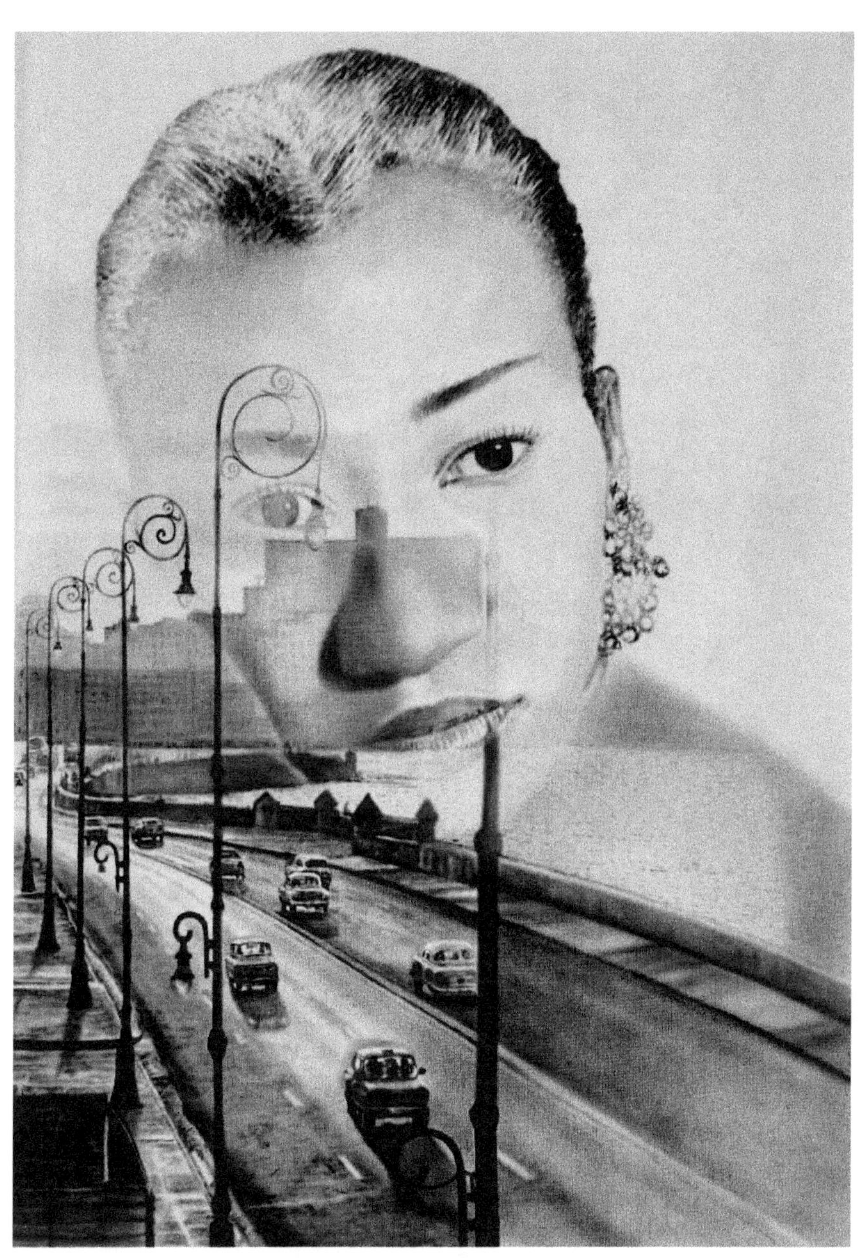

Título: Añoranza

Óleo sobre lienzo

28" x 20"

2025

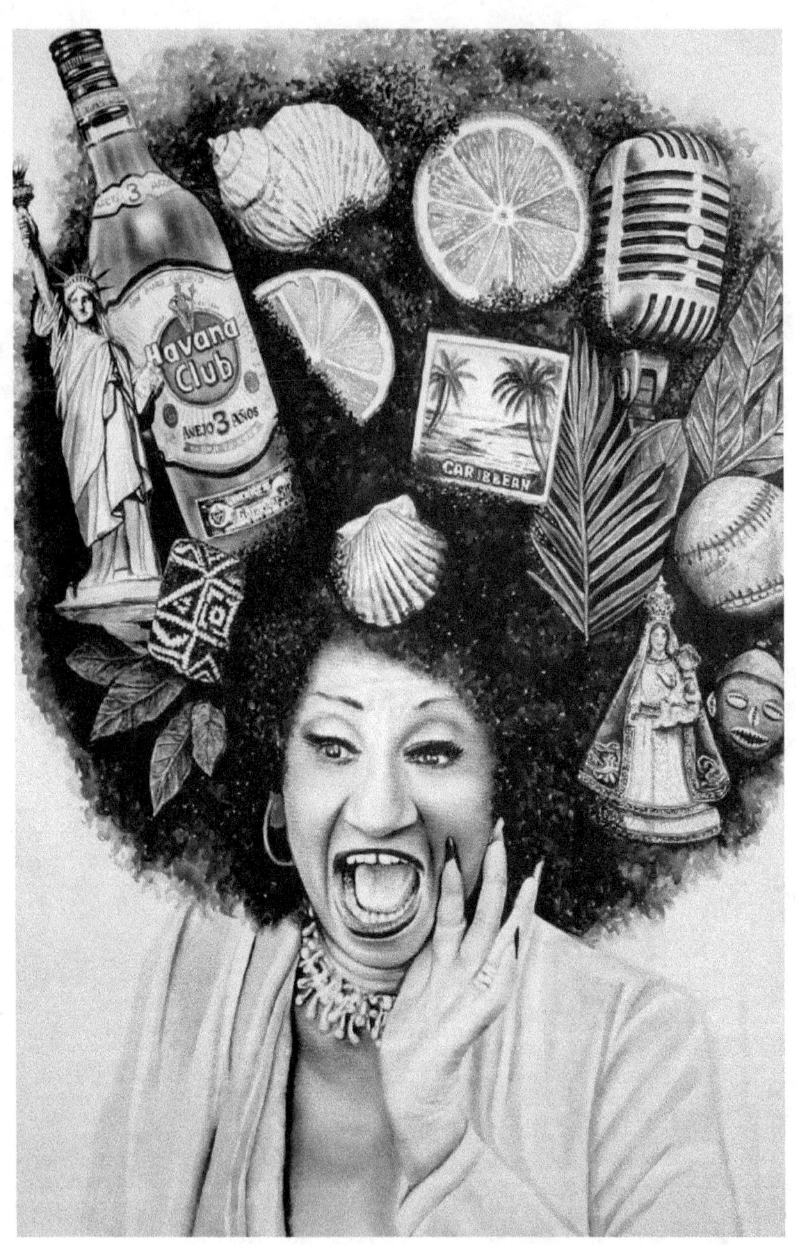

Título: Mi Peluca favorita

Óleo sobre lienzo

40” x 30”

2025

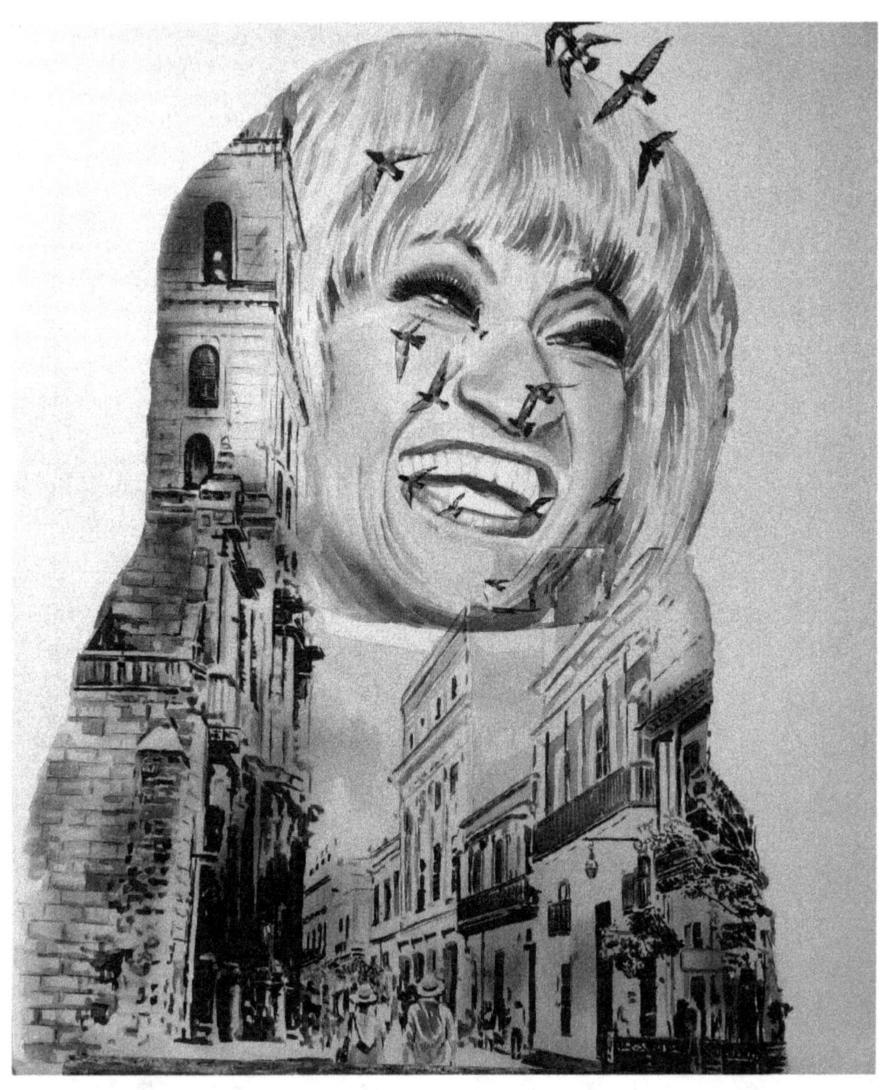

Título: Raíces que alzan el vuelo

Oleo sobre lienzo

40” x 30”

2025

Cartel promovido en redes sociales del Grupo de Teatro El Público y La Mansión Castillo anunciando el homenaje.

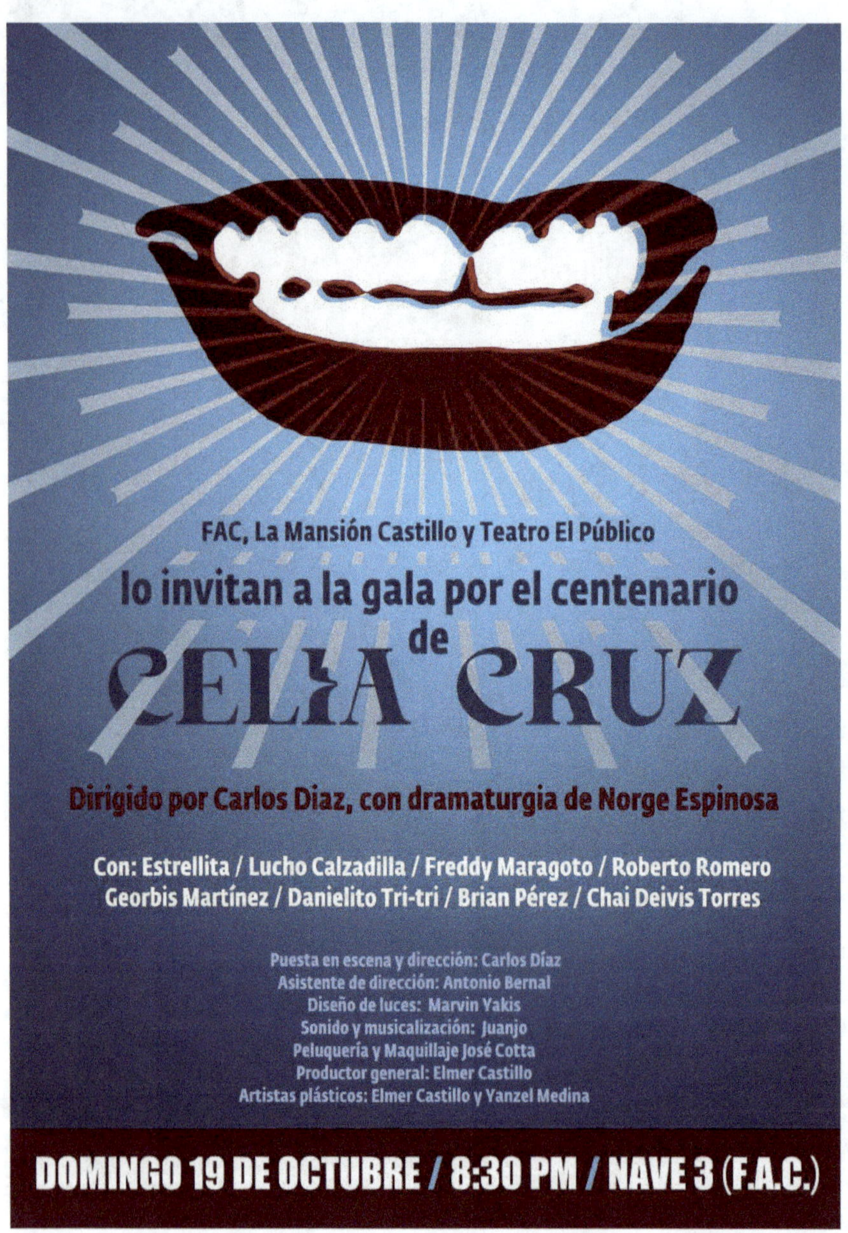

La llamada del censor

Post del centro nacional de la música

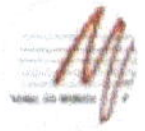

Centro Nacional de Música Popular is with **Instituto Cubano de la Música.** and **Consejo Nacional de las Artes Escénicas Cuba**.

October 16 at 6:10 PM ·

La Subdirección de programación del Centro Nacional de Música Popular informa que la presentación del grupo de teatro "El Público", prevista para este domingo 19, a las 8 y 30 pm, en la Nave 3 de Fabrica de Arte Cubano, no se realizará.

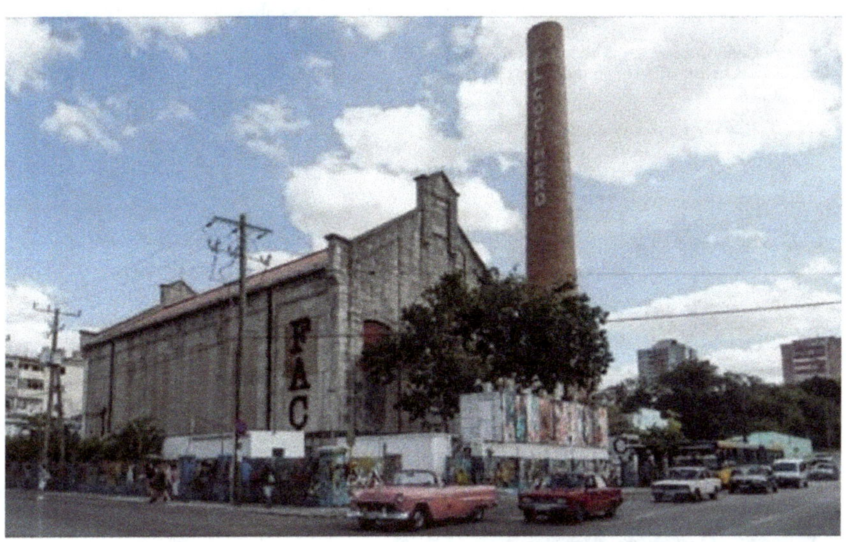

Ecos de medios independientes cubanos y prensa internacional sobre la censura al homenaje en La Habana

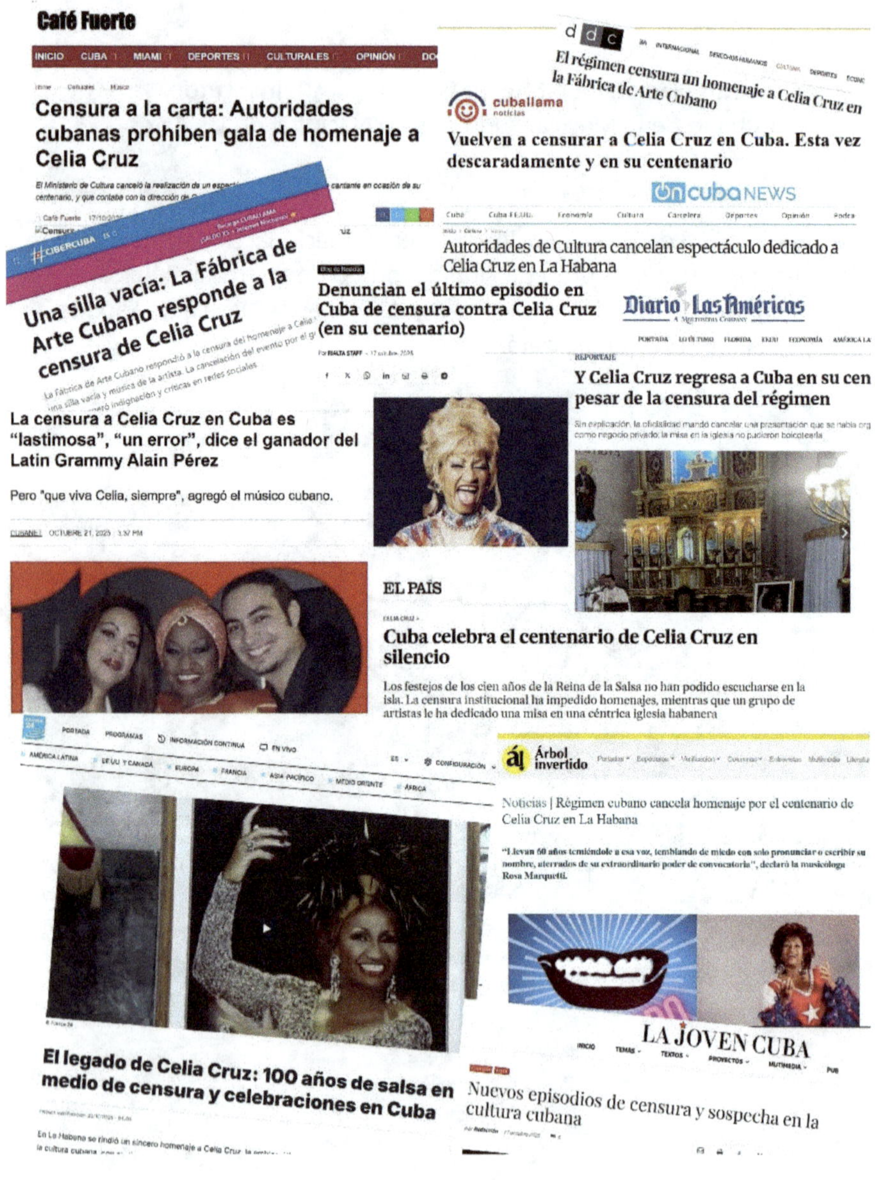

Café Fuerte

INICIO | CUBA | MIAMI | DEPORTES | CULTURALES | OPINIÓN

Censura a la carta: Autoridades cubanas prohíben gala de homenaje a Celia Cruz

ddc

El régimen censura un homenaje a Celia Cruz en la Fábrica de Arte Cubano

cuballama noticias

Vuelven a censurar a Celia Cruz en Cuba. Esta vez descaradamente y en su centenario

OnCubaNews

Autoridades de Cultura cancelan espectáculo dedicado a Celia Cruz en La Habana

CiberCuba

Una silla vacía: La Fábrica de Arte Cubano responde a la censura de Celia Cruz

Denuncian el último episodio en Cuba de censura contra Celia Cruz (en su centenario)

Diario Las Américas

REPORTAJE

Y Celia Cruz regresa a Cuba en su cen... pesar de la censura del régimen

La censura a Celia Cruz en Cuba es "lastimosa", "un error", dice el ganador del Latin Grammy Alain Pérez

Pero "que viva Celia, siempre", agregó el músico cubano.

CUBANET | OCTUBRE 21, 2025

EL PAÍS

Cuba celebra el centenario de Celia Cruz en silencio

Los festejos de los cien años de la Reina de la Salsa no han podido escucharse en la isla. La censura institucional ha impedido homenajes, mientras que un grupo de artistas le ha dedicado una misa en una céntrica iglesia habanera

Árbol invertido

Noticias | Régimen cubano cancela homenaje por el centenario de Celia Cruz en La Habana

"Llevan 60 años temiéndole a esa voz, temblando de miedo con solo pronunciar o escribir su nombre, aterrados de su extraordinario poder de convocatoria", declaró la musicóloga Rosa Marquetti.

El legado de Celia Cruz: 100 años de salsa en medio de censura y celebraciones en Cuba

LA JOVEN CUBA

Nuevos episodios de censura y sospecha en la cultura cubana

Post de Fabrica de Arte Cubano en Redes Sociales

19 de Octubre de 2025

Fábrica de Arte Cubano

Una obra de arte que no fue, una butaca, silencio y el arte de la resistencia…

Celia vive

20 de Octubre de 2025

Dia de la Cultura Nacional.

— at **Fábrica de Arte Cubano**.

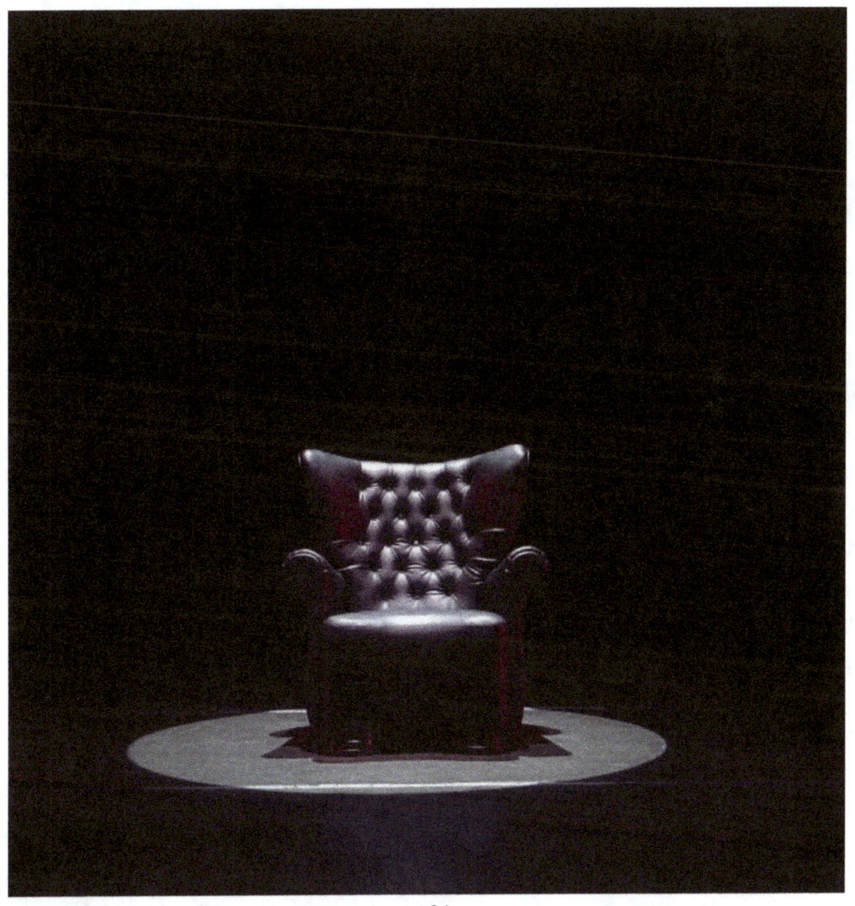

Post de Fábrica de Arte Cubano el 21 de Octubre de 2025

Fábrica de Arte Cubano

Fábrica de Arte Cubano, comprometida con elevar la cultura y el arte, se enorgullece en develar una estrella en honor al centenario de Celia Cruz.

Este homenaje tiene como único propósito rendir tributo a una artista que ha dejado una huella imborrable en nuestra música. La estrella de Celia se une a la de grandes como Benny Moré, Juan Formell y Chucho Valdés en la Nave 4 de FAC.

Celebremos su legado y su contribución al arte cubano, reafirmando su lugar en el corazón de todos los cubanos. ¡Que viva la Reina de la Salsa!

Estrellas Constelación FAC hasta la fecha (orden alfabético):

1. Alberto Korda
2. Alicia Alonso
3. Alfredo Rostgaard
4. Amelia Peláez
5. Benny Moré
6. Chucho Valdés
7. Dulce María Loynaz
8. Eusebio Leal
9. FAC / Time Magazine
10. Humberto Solás
11. Juan Formell
12. Leo Brouwer
13. Natalia Bolívar
14. Natalia Méndez (Norka)
15. Pedro Pablo Oliva
16. Pedro Martínez Inclán
17. Ramiro Guerra
18. Santiago Álvarez
19. Santiago Feliú
20. Vicente Revuelta
21. Wifredo Lam

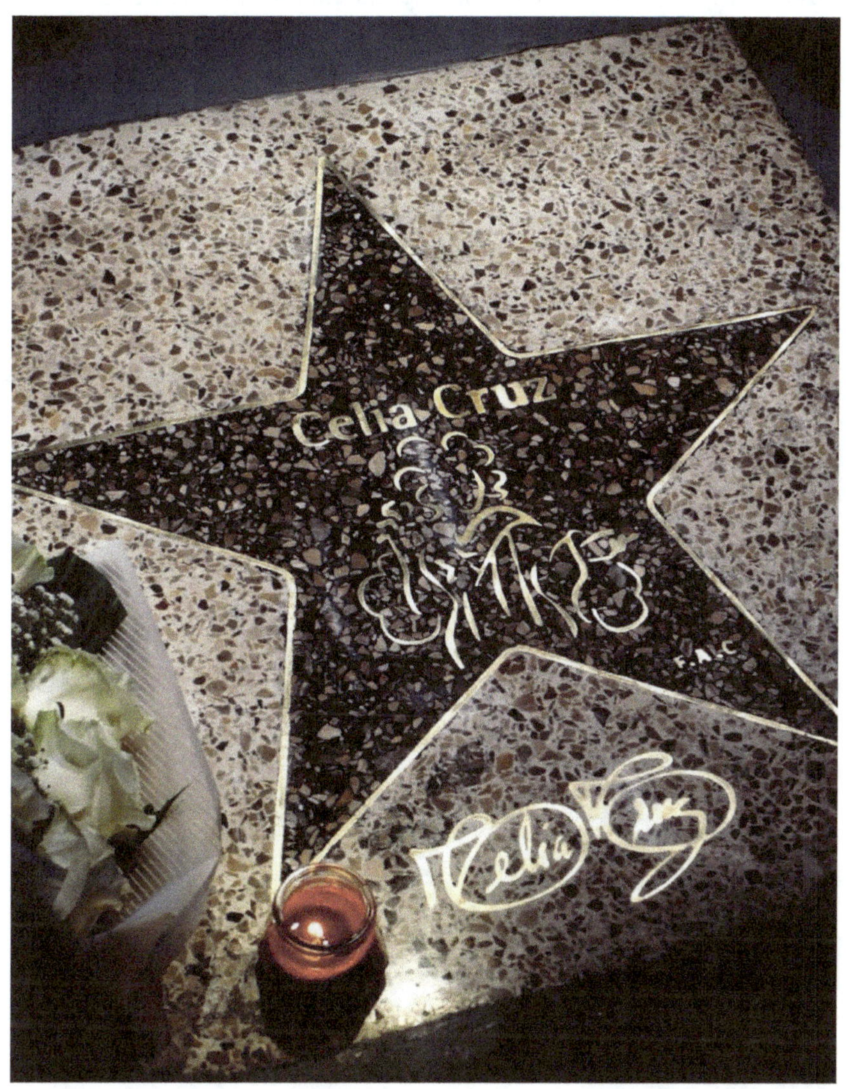

Escultor: Agustín Hernández Carlos

Fotografia: @larraldepix

Diseño: @hectorluisdesign

La Misa en la Iglesia La Caridad de La Habana el 21 de Octubre de 2025

Reportaje fotográfico en OnCuba News por Lied Lorain y fotografías de Otmaro Rodriguez

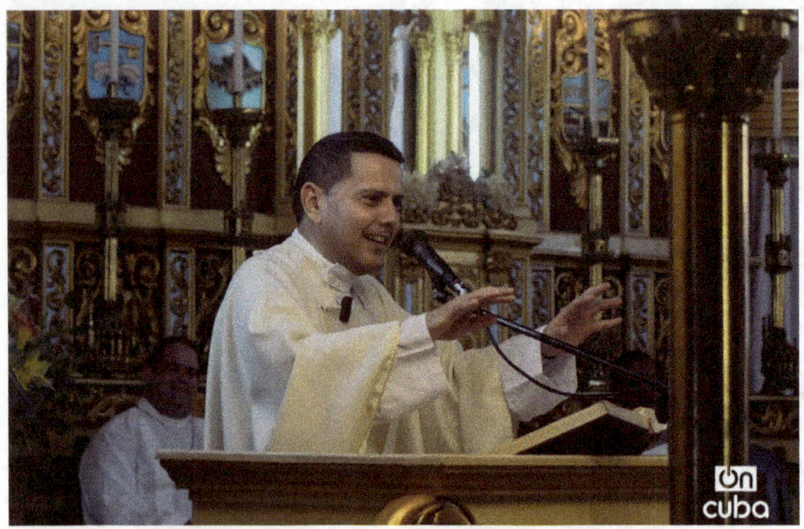

Padre Ariel Suárez Jáuregui pronuncia la homilía

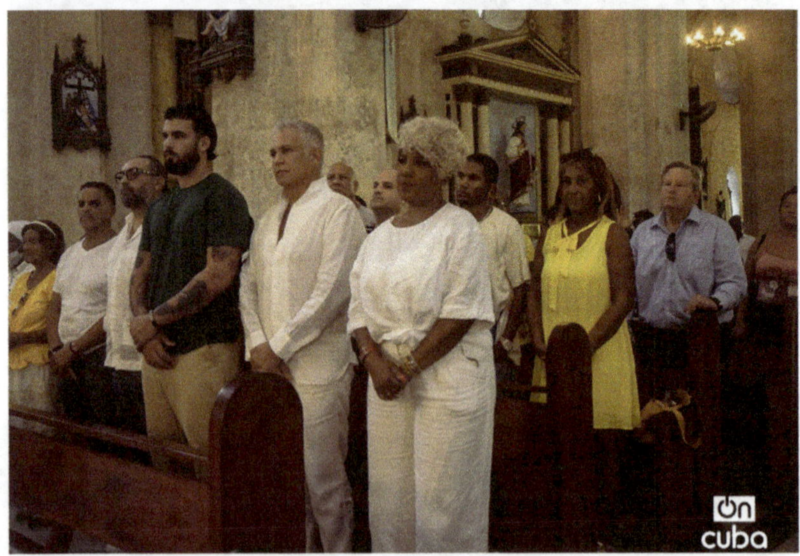

Presencia de prominentes artistas cubanos y el Encargado de Negocios de la Embajada de Estados Unidos en Cuba Sr. Mike Hammer

Fragmentos de la homilía pronunciada por P. Ariel Suarez Jáuregui el 21 de Octubre de 2025 en la Misa dedicada a Celia Cruz en la Iglesia de la Caridad de La Habana.

Queridos amigos, las lecturas de la Palabra de Dios de este día vienen muy apropiadas a esta misa que especialmente han querido dedicar como oración por Celia Cruz, un grupo de artistas cubanos que la admiran, la respetan y la recuerdan con cariño. Son las lecturas que se proclaman en todas las iglesias católicas del mundo entero en un día como hoy. Y yo decía anoche cuando las leía, cuando rezaba un poquito para esta misa, ¡qué apropiadas están! La primera lectura es un fragmento de la carta de San Pablo a los Romanos, donde nos viene a decir que la muerte entró en el mundo como consecuencia del pecado.

Necesitamos alguien que nos salve de tanta muerte, que ponga en nosotros la fuerza de la vida. Y esta es la noticia maravillosa que Pablo le da a los Romanos: si por un hombre, Adán, entró el pecado y la muerte, por un hombre, Jesús, que es Dios, también entró en nosotros la vida que la muerte no puede destruir, la vida que la muerte no puede arruinar. Cada misa es una celebración de Jesús resucitado, de su victoria sobre la muerte y del mal. Y cuando con mucha devoción ofrecemos misas por nuestros difuntos, por los seres que amamos, lo que pedimos para ellos es que el Señor perdone sus pecados y los haga participar también de su victoria, del triunfo sobre la muerte y el mal.

El evangelio de Lucas que se ha proclamado hoy, nos recuerda también que un día vamos a morir, pero nos lo recuerda con la nota de la esperanza y de la serena alegría, porque nos dice que vendrá algún día para todos nosotros el Esposo, el Amigo, el Señor, y que nos llevará con Él y se pondrá a nuestro servicio.

Jesús dice hoy, *ustedes estén con la cintura ceñida y con la lámpara encendida.* Qué bonita imagen, la lámpara encendida. Una vida con lámpara encendida es una vida donde la fe en Cristo alienta nuestros pasos, donde estamos en camino al encuentro del Señor y caminamos por la vida, llevando con la luz de la fe la alegría y la esperanza cierta de que el Señor vendrá.

… A mí me gustaría pensar que, salvando las distancias, ¿Verdad? Entre Cristo, verdadera luz del mundo, y cada uno de nosotros y los seres que amamos, quiero pensar que Celia Cruz, no sé si se lo propuso o no, pero quiso ser una luz de esperanza y de alegría para los demás.

Obviamente trató de hacerlo con los medios que a ella le eran afines, con su arte, con su música, con sus canciones. Días atrás, cuando yo decía, bueno, vendrá esta misa, vendrá gente por Celia, hay como un deseo en varios artistas de nuestro país de recordarla en el día de su natalicio, del centenario de su natalicio. Después me di cuenta, cuando busqué un poquito, su nombre de pila era Celia Caridad.

Comprendo que nos hayan pedido aquí en la iglesia de la Caridad del Cobre, hacer esta oración por su alma, porque ella fue una gran devota de la Virgen de la Caridad. Tenía un tierno amor a la patrona de Cuba.

Y Dios le permitió vivir muchos años en actividad plena. No fue alguien que tuvo que retirarse pronto, no, Incluso entrada en años, ella daba conciertos, tenía presentaciones, seguía moviendo a multitudes. Y obviamente, esto es indiscutible, fue una embajadora en el mundo de la cultura cubana, de los ritmos cubanos, de la música cubana, de nuestro sabor, de nuestros bailes, de nuestra alegría, de eso contagioso que todo el mundo distingue en cualquier latitud cuando llega un cubano, es muy difícil no mover la cintura. Eso ella lo logró. Yo le doy gracias a Dios porque creo que ella llevó alegría a muchas personas, porque ella hizo presente a Cuba en el mundo, nos hizo conocidos y amados en muchas partes del mundo.

Y sí, tengo la certeza de que ella nunca olvidó a su amada patria y que siempre se sintió orgullosa de ser cubana y siempre miró con amor a su patria, a sus orígenes, a la cultura cubana y quiso enaltecerla con sus presentaciones, con su arte, con su alegría, con su gracejo.

Yo creo que eso también fue un don que el Señor le dio a ella. Damos gracias, pues, por eso le pedimos a Jesús resucitado que la lleve al Reino de la Luz y de la vida, que la reciba en el hogar del Cielo, donde ahí está la única música que nunca se acaba. En el Cielo está la única música que nunca termina. ¿Saben cuál es? La sinfonía del amor, la del bien, la de la belleza, la de la verdad. Por eso, si algún día queremos estar en ese concierto que no termina nunca, hagámosle caso a Jesús en el Evangelio de hoy, que nos pide vivir en esta vida con la cintura ceñida, es decir, siempre dispuesto a caminar y con la lámpara encendida de la fe, que se traduce en servir a los demás, en amar a los demás, en buscar que la vida de los demás, cuando entre en contacto con nosotros, sea una vida más bella, una vida más luminosa, una vida donde haya alegría. Y cuando uno vive en esta tierra para servir a los demás, para el servicio de la alegría de los demás, entonces la recompensa será extraordinariamente bella.

Como dice el Evangelio de hoy, cuando lleguemos al Reino de los Cielos, será el mismo Dios el que nos sentará a la mesa y se pondrá a nuestro servicio. Eso es lo que pedimos en la Misa de hoy para Celia Cruz y para todos nuestros difuntos, para todos nuestros familiares. Que todos participen de la Misa en el Reino de Dios y que Dios sea el que los sirva para que gocen juntos de esa sinfonía, de esa música que no tiene final. La vida es bella cuando le ponemos tú y yo la música del amor, la música de la esperanza, la música del servicio al prójimo, la música de la alegría. Si Cristo es nuestra luz, entonces tu vida y la mía será una bella partitura. Y un día gozaremos con Cristo resucitado de la música eterna en el hogar del Cielo.

Amén.

¡AZÚCAR! Dulce Centenario – Por X Alfonso

Hay nombres que no se olvidan.

Hay voces que, aunque el tiempo pase, siguen encendiendo el alma.

Celia es una de esas luces. Una mujer que transformó la música cubana en un lenguaje universal, que llevó la alegría y el dolor de nuestra isla a los escenarios del mundo, siempre con una sonrisa, siempre con un "¡Azúcar!" que sabía a verdad.

Nació en La Habana, un 21 de octubre de 1925, y desde entonces su voz empezó a mover montañas. Cantó por nosotros, por los que estaban y por los que vendrían. Hizo que la salsa, la guaracha, la cubanía toda, se sintieran más grandes. Y cuando el exilio la llevó lejos, siguió siendo Cuba en cada nota, en cada vestido brillante, en cada grito que nos recordaba quiénes somos.

Cien años después, su energía sigue ahí. En el tambor, en las calles, en la gente que canta y baila sin miedo. Por eso quisimos rendirle este homenaje desde el arte gráfico, desde el color y la textura, desde el amor.

¡AZÚCAR! Dulce Centenario" reúne a 10 diseñadores cubanos para interpretar su esencia en 10 carteles serigráficos, creados con el corazón y la pasión que ella siempre inspiró.

Cada pieza es un pedazo de su espíritu: explosiva, poderosa, libre. Una colección limitada —solo 50 ejemplares—, hecha con tinta, sudor y ritmo, como se hace la buena música.

Este proyecto es también un puente. Una manera de volver a mirarla, de agradecerle, de decirle que su voz sigue aquí, vibrando con nosotros.

Porque Celia no se fue. Celia está en cada esquina donde suena un son, en cada cuerpo que se mueve, en cada corazón que late al compás de su risa. Gracias, Celia. Por tu arte. Por tu fuego. Por tu azúcar.

X Alfonso | Fabrica de Arte Cubano | La Habana, 2025

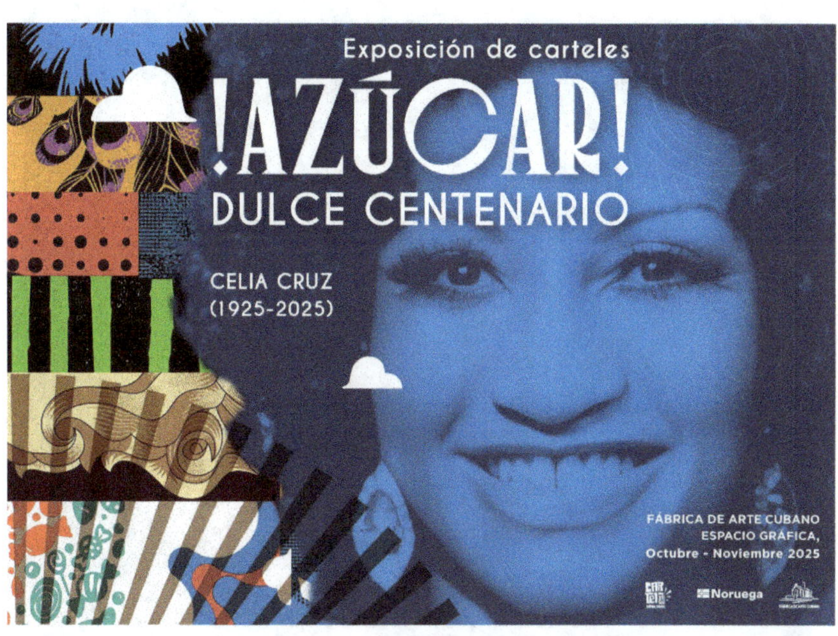
Exposición de carteles
!AZÚCAR!
DULCE CENTENARIO
CELIA CRUZ
(1925-2025)
FÁBRICA DE ARTE CUBANO
ESPACIO GRÁFICA,
Octubre - Noviembre 2025
Noruega

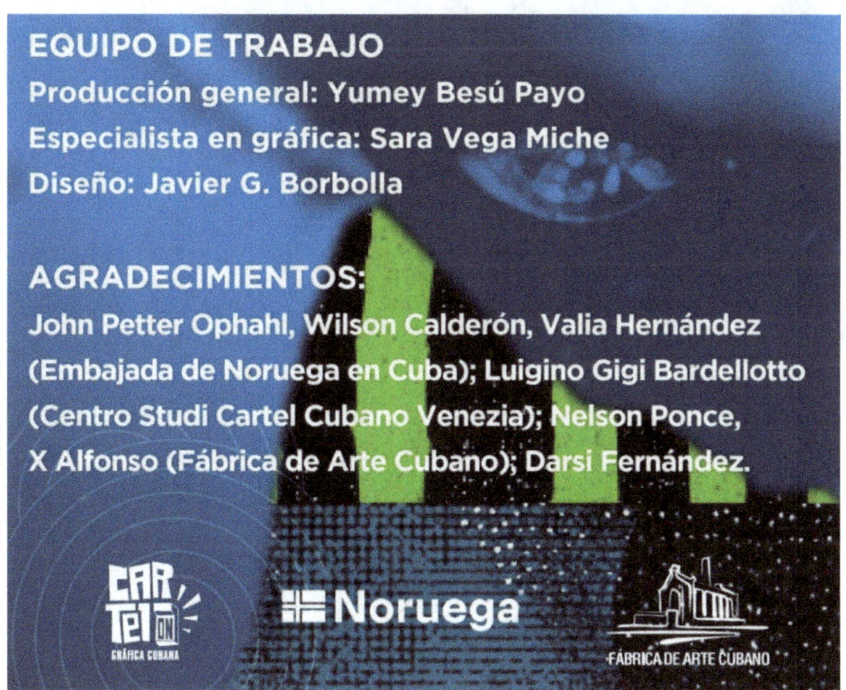
EQUIPO DE TRABAJO
Producción general: Yumey Besú Payo
Especialista en gráfica: Sara Vega Miche
Diseño: Javier G. Borbolla
AGRADECIMIENTOS:
John Petter Ophahl, Wilson Calderón, Valia Hernández
(Embajada de Noruega en Cuba); Luigino Gigi Bardellotto
(Centro Studi Cartel Cubano Venezia); Nelson Ponce,
X Alfonso (Fábrica de Arte Cubano); Darsi Fernández.
CAR TEL ON
GRÁFICA CUBANA
Noruega
FÁBRICA DE ARTE CUBANO

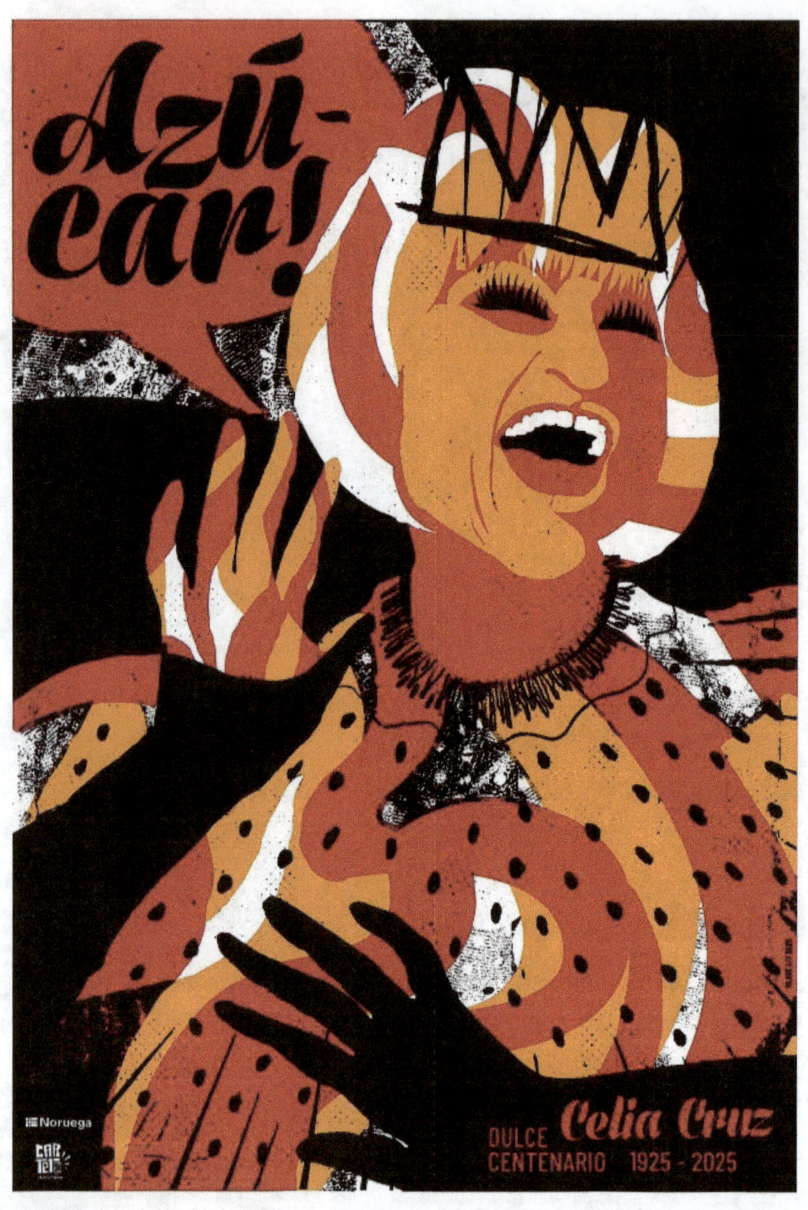

Autor: Vlade

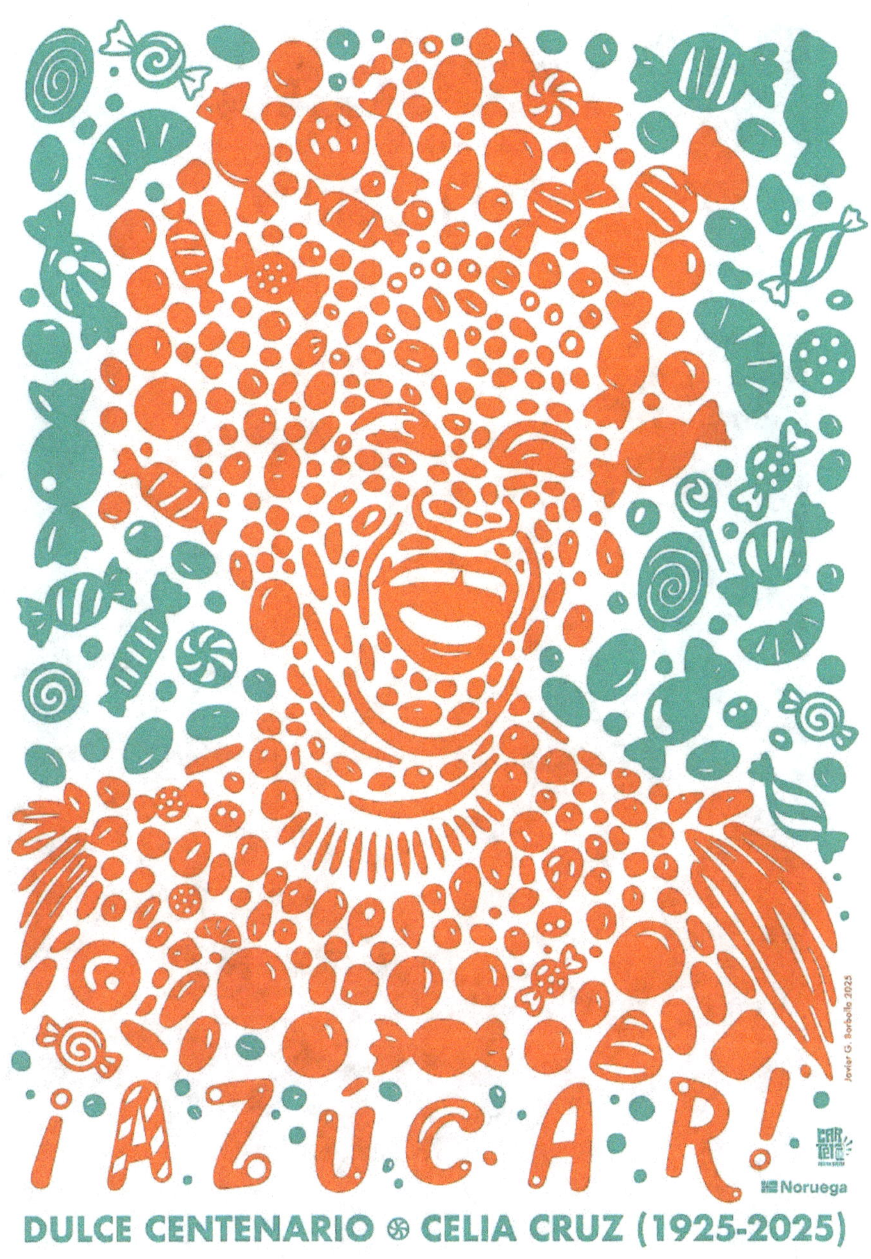

Autor: Javier G. Borbolla

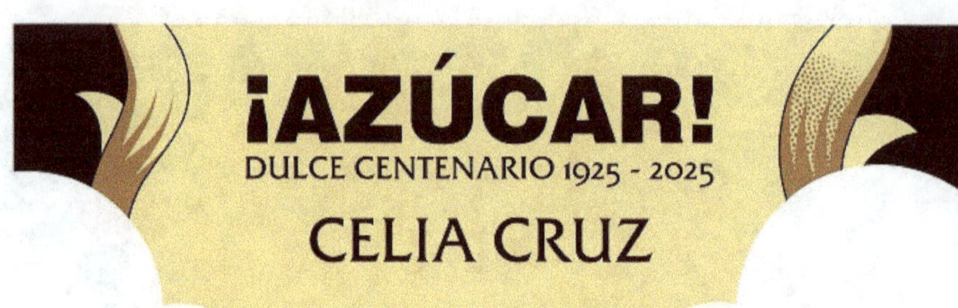

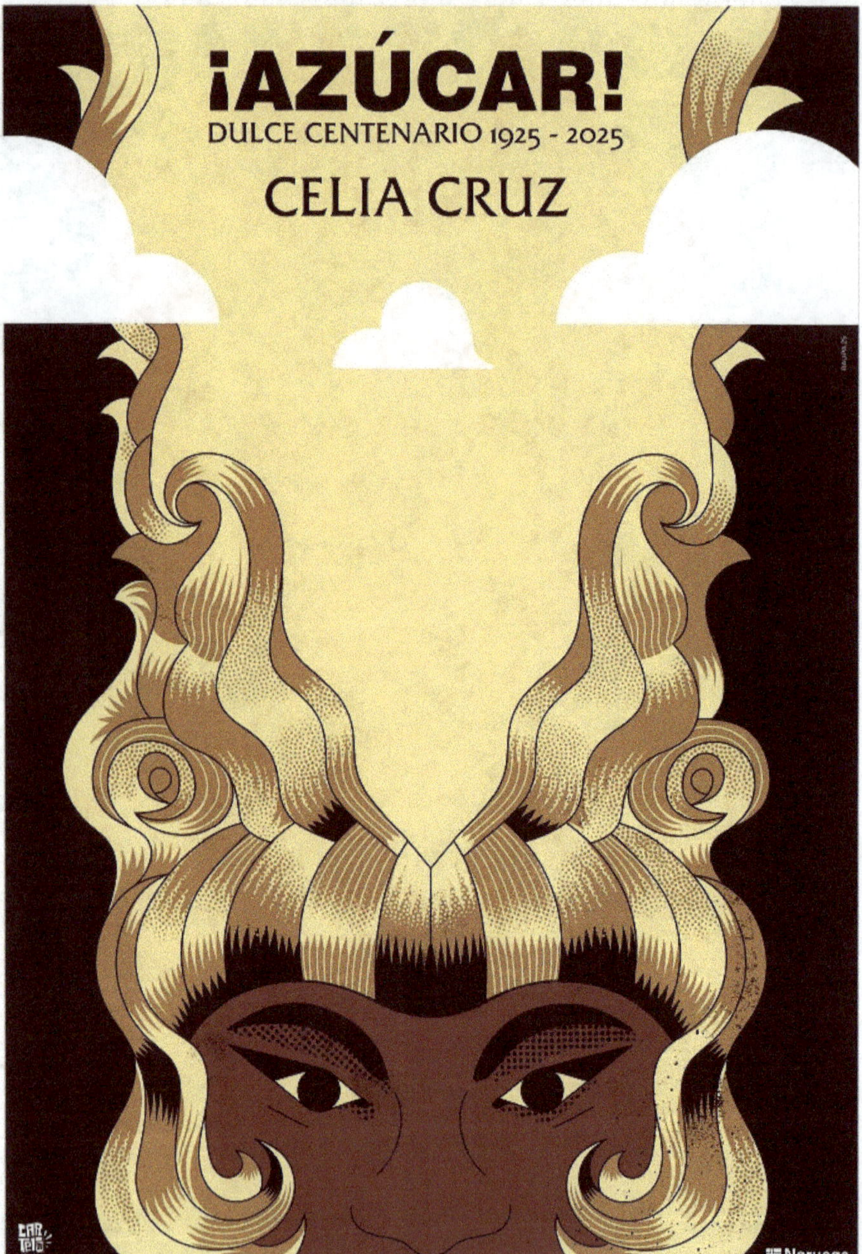

Autor: Raupa

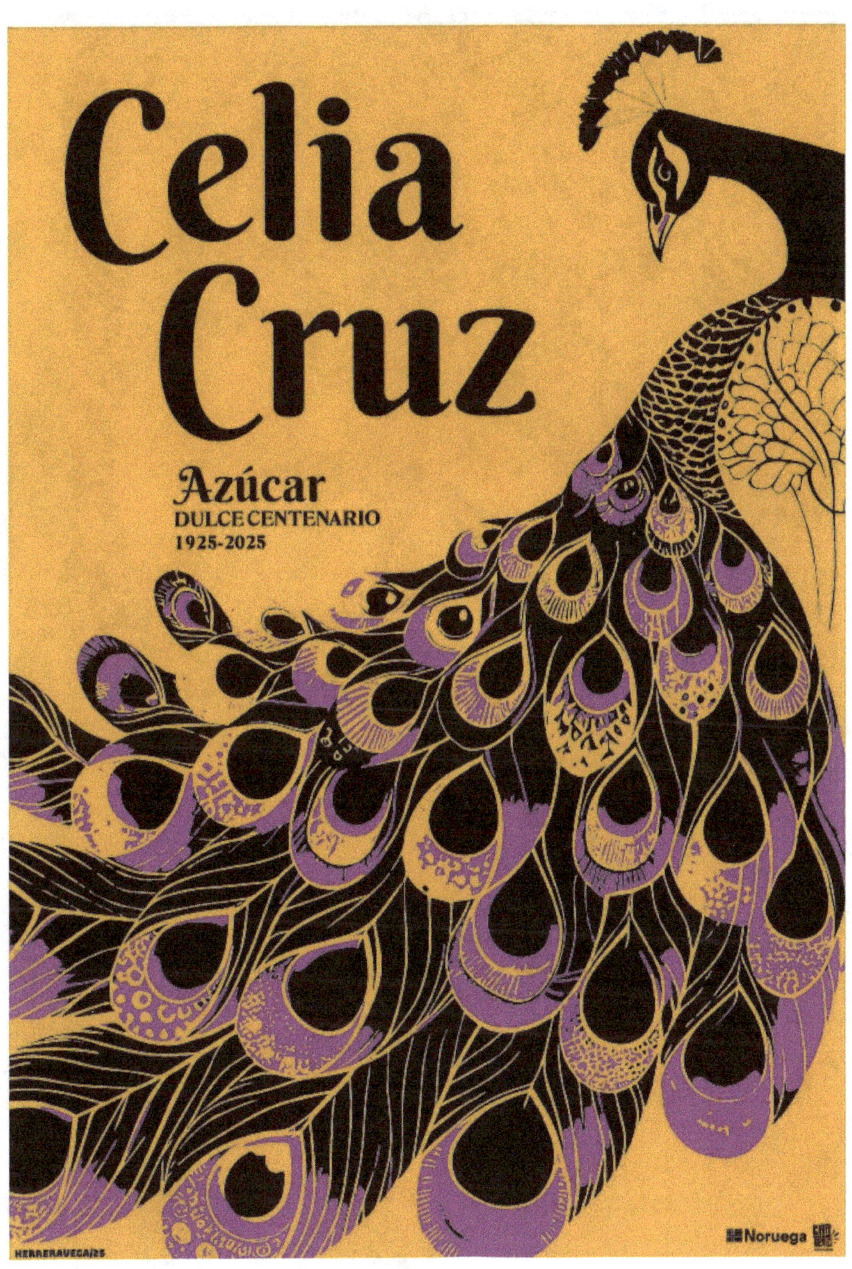

Autor: Patricio Herrera

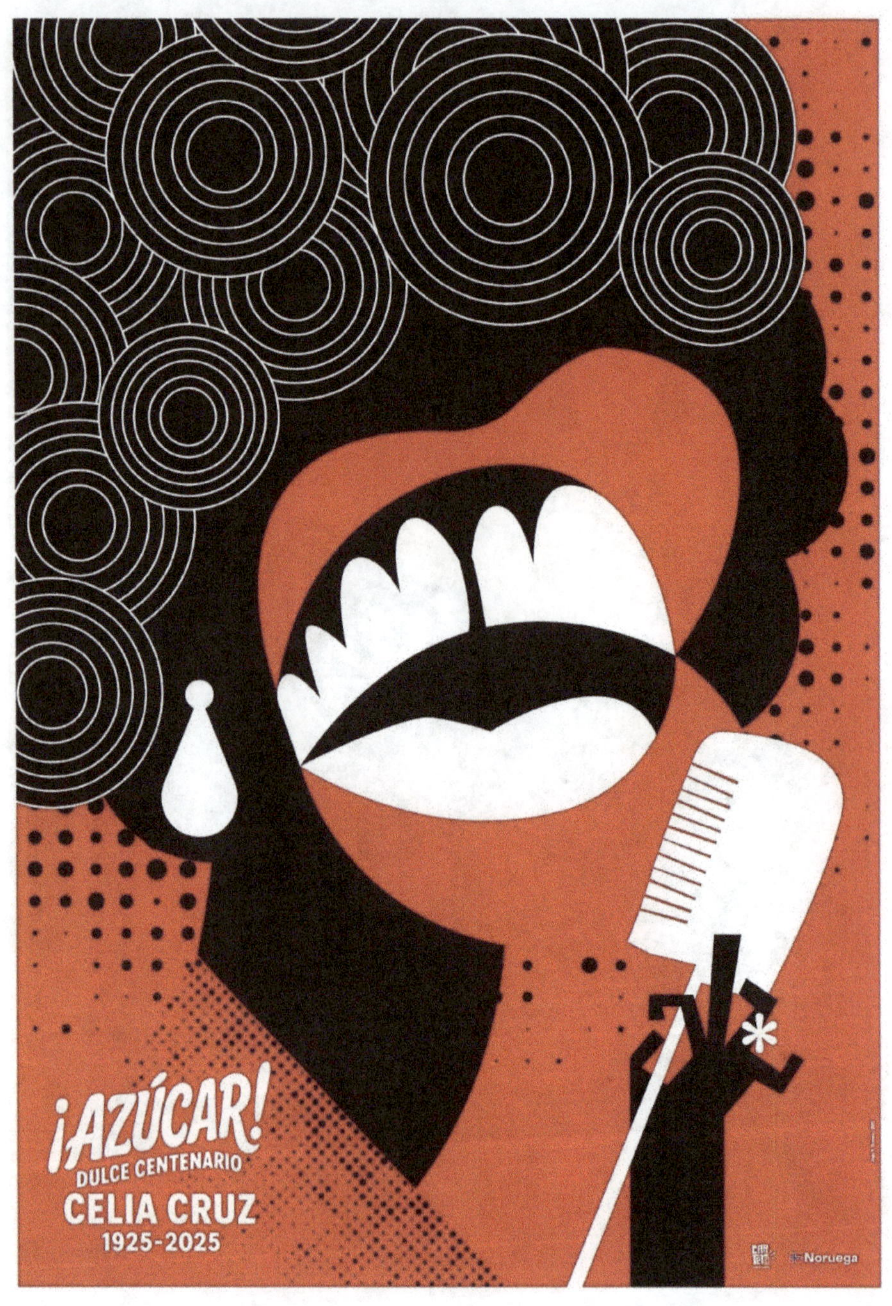

Autor: Alejo R. Romero

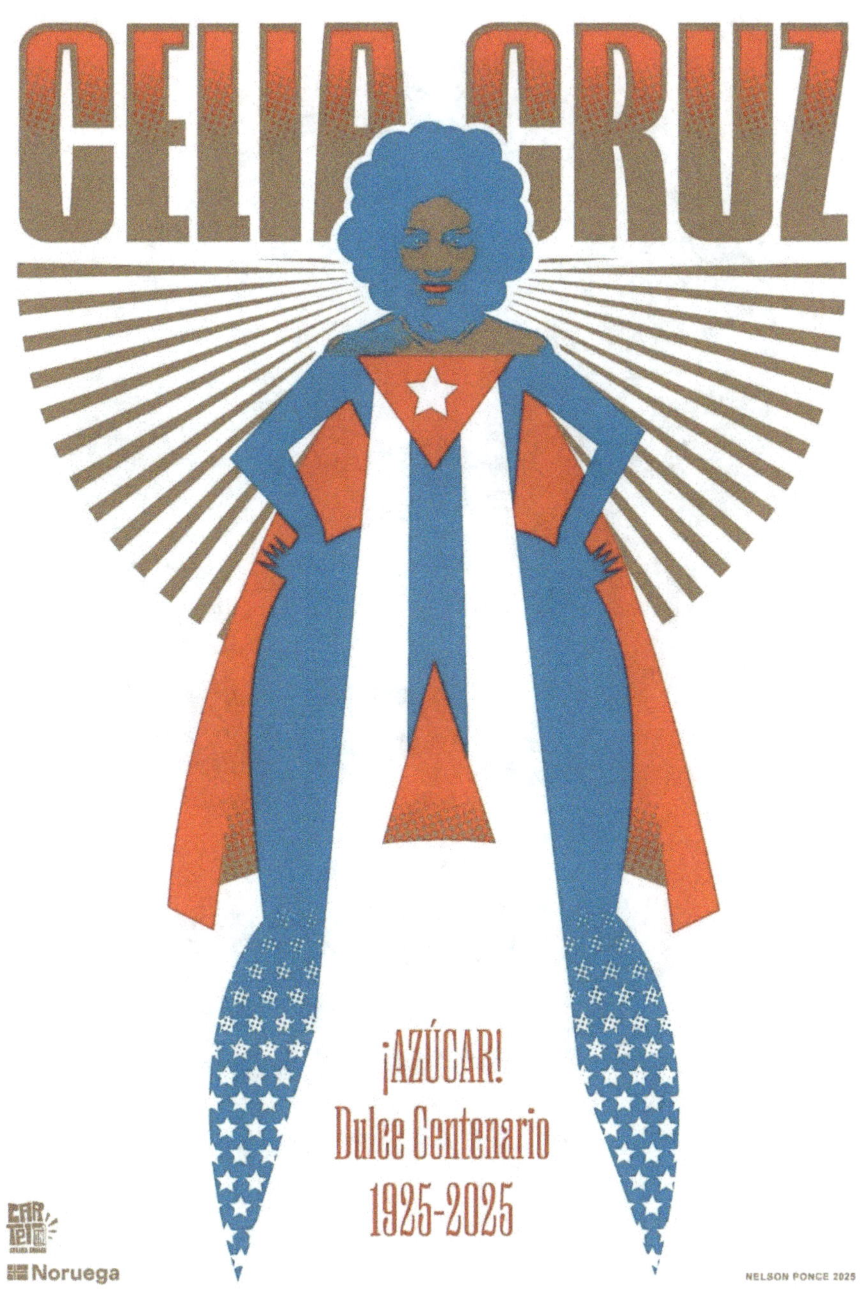

Autor: Nelson Ponce

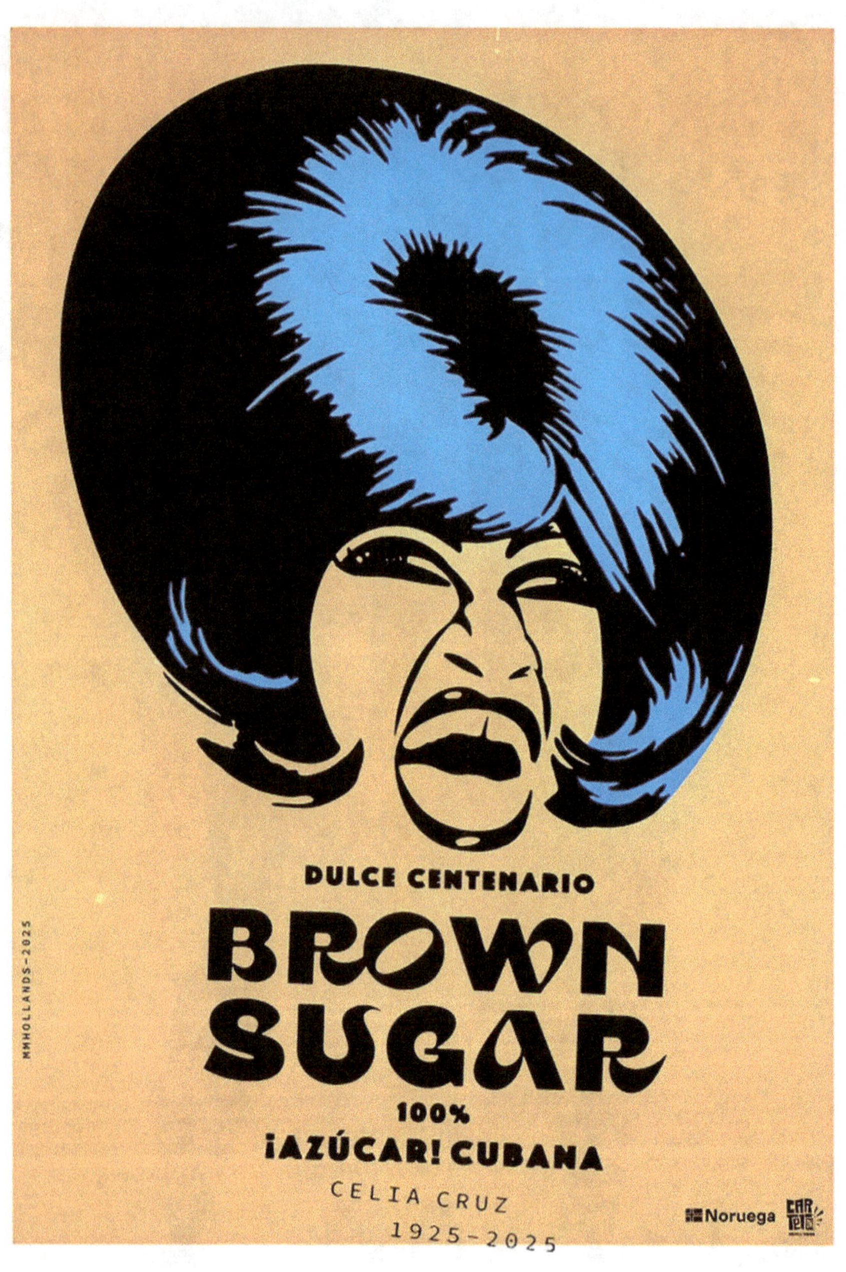

Autor: M.M. Hollands

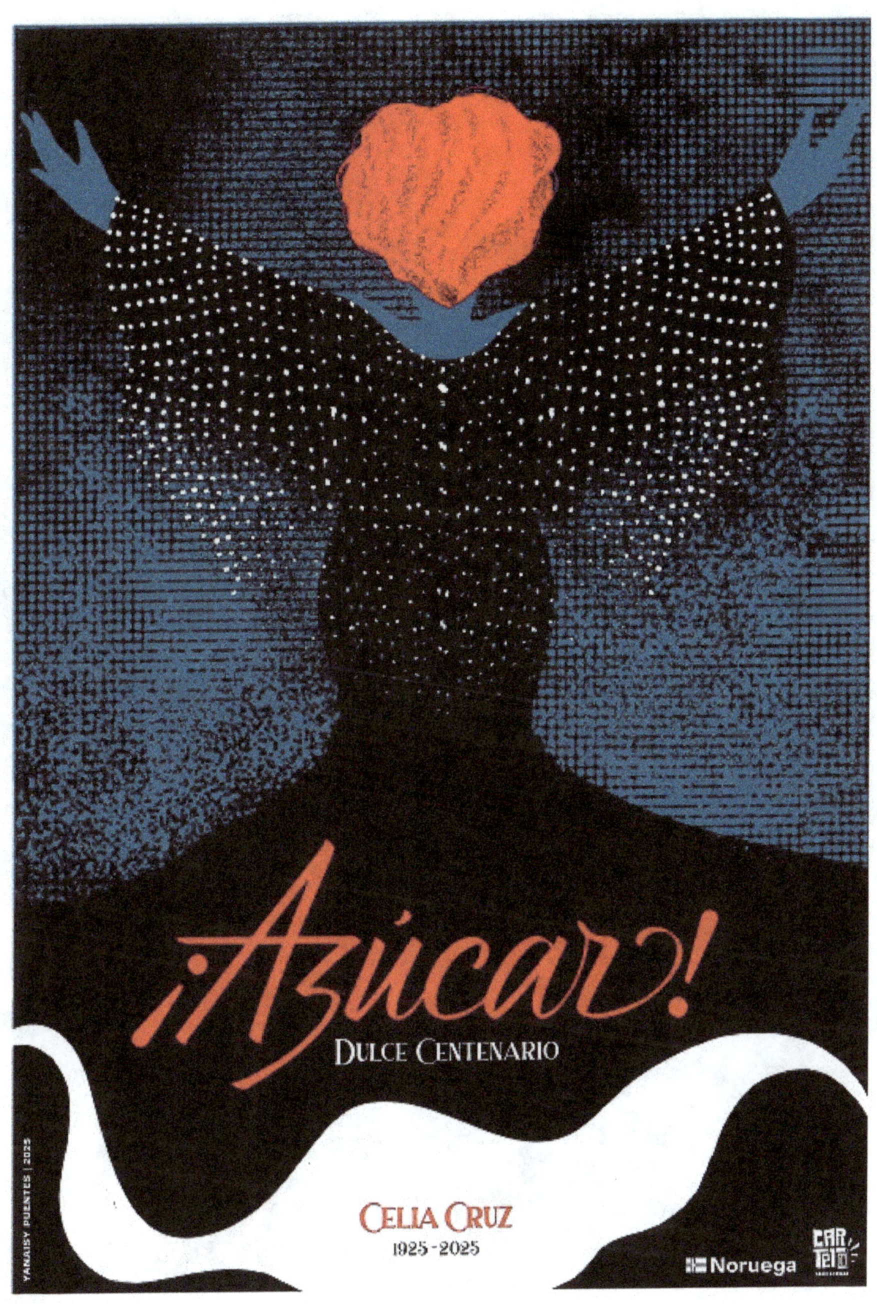

Autor: Yanaisy Puentes

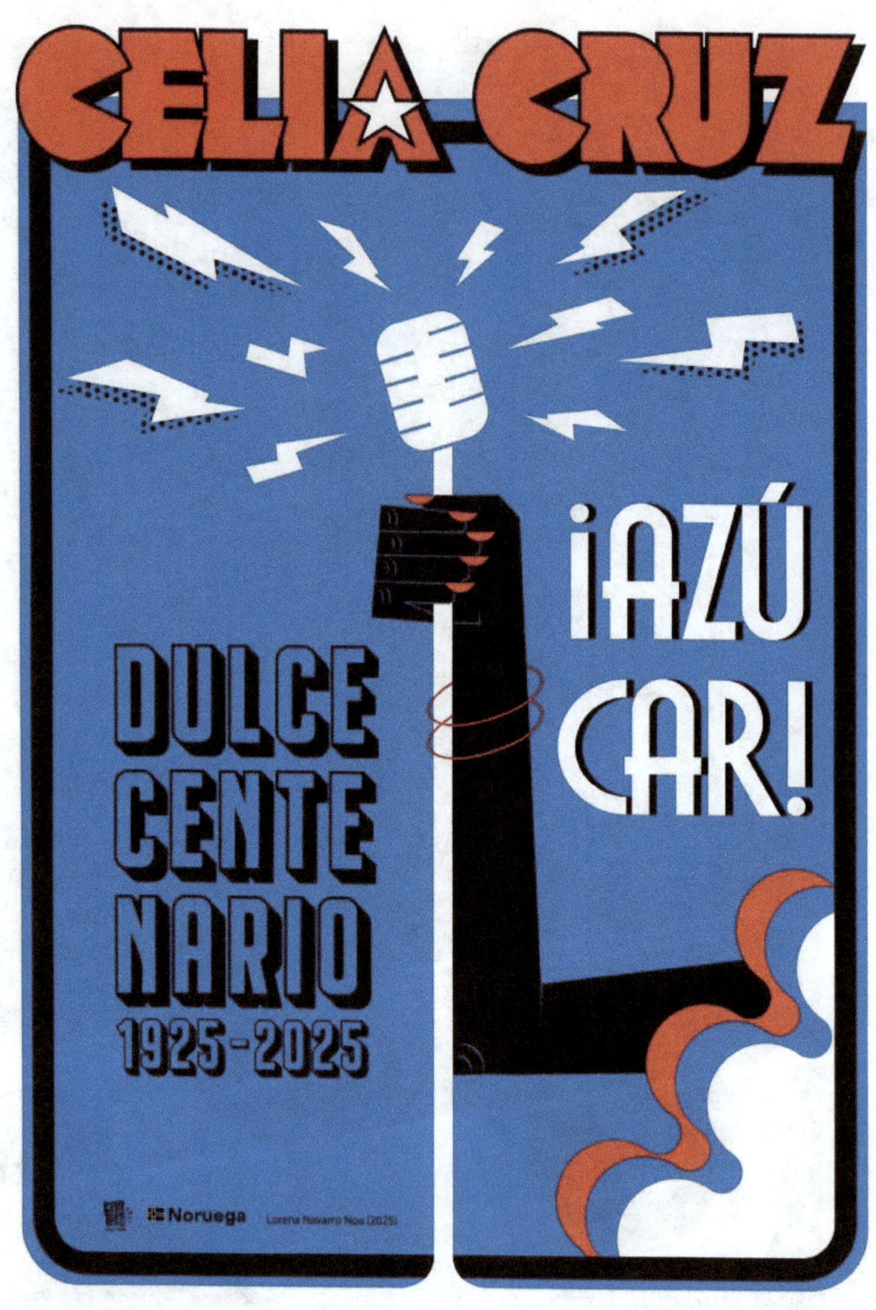

Autor: Lorena Navarro Noa

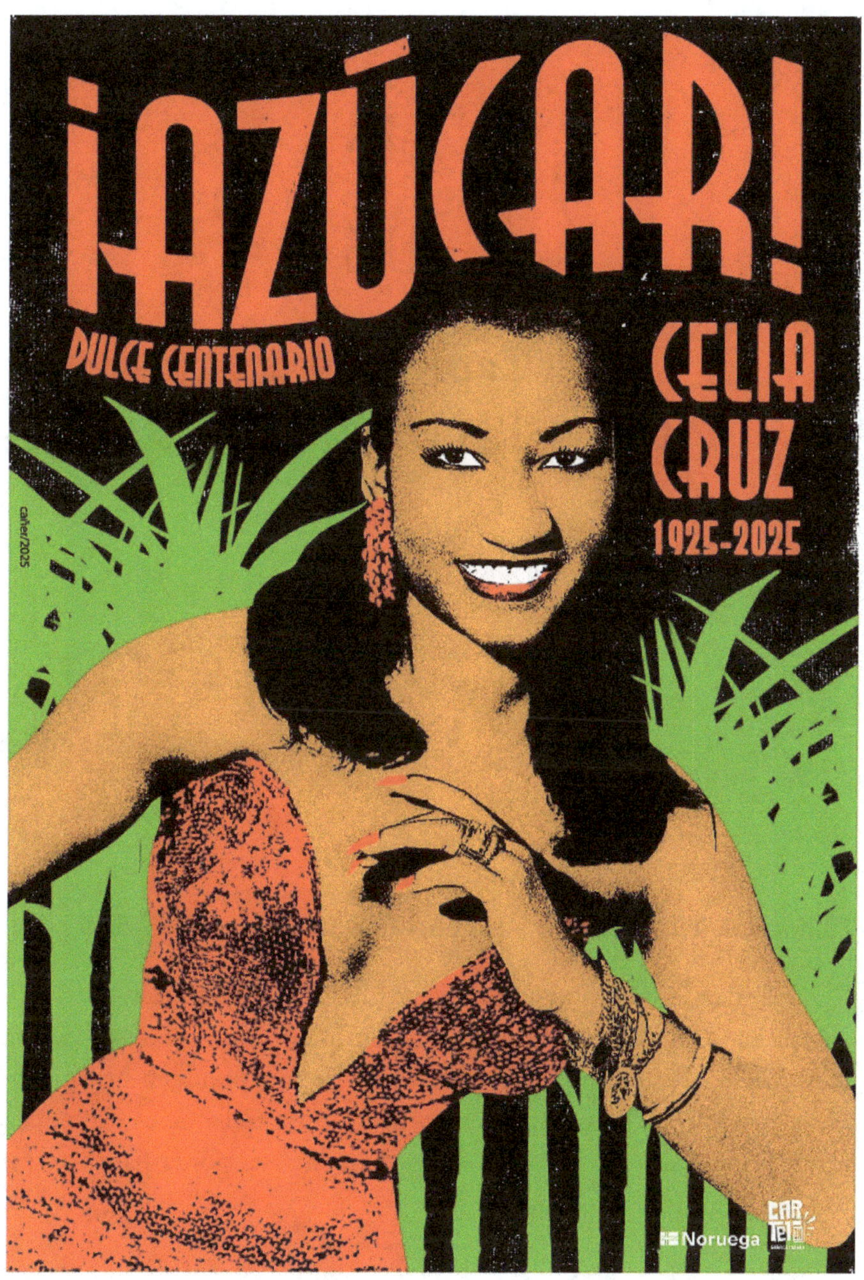

Autor: Alejandro Cañe

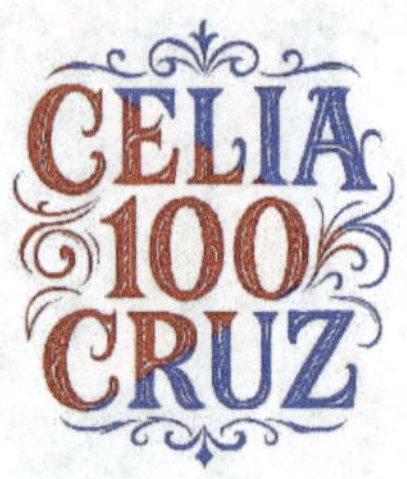

Capítulo 4
LA PUESTA EN ESCENA

El homenaje que venció a la censura o El censor de la vista gorda

El domingo 9 de noviembre de 2025, ya pasadas las fechas de cumpleaños, pero aún caliente la sangre por las cancelaciones y eventos censurados, el espacio cultural El Cabildo, decidió poner en su espacio la pieza musical de Teatro El Publico dedicado a Celia Cruz. Al parecer, algún funcionario se hizo el bizco o el de la vista gorda para que esto pasara y "calmar" los ánimos.

Aunque el espacio no es específicamente un teatro, funcionó muy bien para aglutinar a un grupo muy numeroso de amigos y fans de Celia. A pesar de la hora "autorizada" -10PM- y de la escasez de transporte, de electricidad, del virus y otros mil impedimentos, hubo quienes se quedaron de pie porque todo estaba ocupado. Por condiciones propias de iluminación y logística no se pudo hacer el espectáculo completo que incluía originalmente un show de pintura en vivo y una exposición de obras pictóricas.

Elucubraciones aparte, lo cierto es que la voz de Celia volvió a sonar en La Habana, en el corazón mismo de la ciudad que la vio nacer y a pocos metros de la Fábrica de Arte Cubano, donde originalmente se organizó el homenaje por sus 100 años.

Pese a la censura y a décadas de silencio impuesto, un pequeño público que simbólicamente representa a más de media Cuba, rindió homenaje a la Reina de la Salsa con un entusiasmo que trascendió cualquier barrera política o institucional. Aplausos, risas, bailes… fueron dos horas de disfrute por lograr lo que nos habíamos propuesto y de saber que hicimos el bien.

El montaje, con artistas de Teatro El Público, libreto de Norge Espinosa y dirección de Carlos Díaz, reunió a destacados intérpretes que revivieron el ritmo y la energía de la artista. Cada número fue recibido entre aplausos y lágrimas y cada gesto evocaba la fuerza de una mujer que convirtió el dolor del exilio en su bandera de libertad.

En El Cabildo, el público, en su mayoría jóvenes, coreaba fragmentos de sus canciones, bailaba entre los bancos de cemento y las banquetas plásticas y se emocionaba con el eco de aquella voz inconfundible. Algunos espectadores, espontáneamente, subieron al escenario a bailar en una coreografía que simulaba un cuerpo de baile para la Guarachera de Cuba. Lo que se vivió en esa noche habanera fue una muestra del poder de la cultura para resistir el olvido.

El momento más emotivo de la noche fue cuando Celia habló de su única visita a suelo cubano en 1990, diciendo que su mayor tesoro era ese puñado de tierra que recogió en Guantánamo. Todos los presentes estallamos en aplausos y canto, demostrando una vez más que el amor a la patria lo llevamos a flor de piel.

Las canciones traspasaron los muros de El Cabildo y se escucharon en todo el barrio de esa zona de Miramar. Incluso algunos dirían que las notas volaban sobre las azoteas, avenidas y arboledas queriendo llegar al Parque Tamarindo. Desde *Yo soy de Cuba la voz*, *Burundanga*, *Bemba Colorá*, *Quimbara* y muchas otras, hasta *Sobreviviré* que emocionó a todos en las gradas. El cierre fue *Guantanamera* interpretado por todas las Celias que habían actuado en la noche. Ahí el público se apoderó del escenario y siguió la fiesta en honor a la Reina de la Salsa.

El homenaje en La Habana, más que un espectáculo, fue un acto de justicia simbólica. Una reconciliación cultural que demuestra que la música, la memoria y la alegría son más fuertes que cualquier intento de silencio. Cada acorde fue una reivindicación de la figura de Celia, y fue también un intento de revivir a toda una generación de artistas que han sido marginados por motivos políticos. La emoción del público fue la respuesta más contundente a la censura, una ovación que dijo "¡Celia vive!".

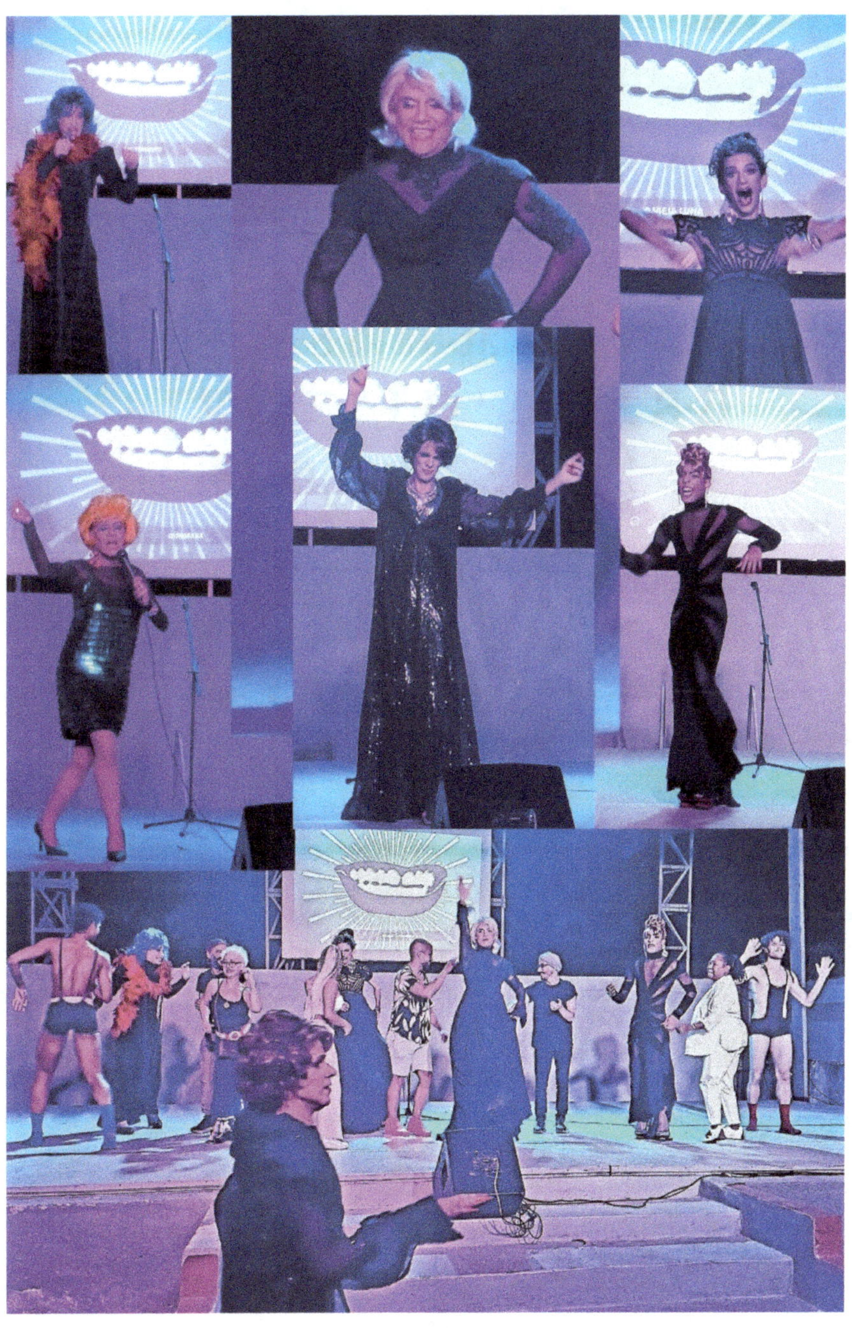

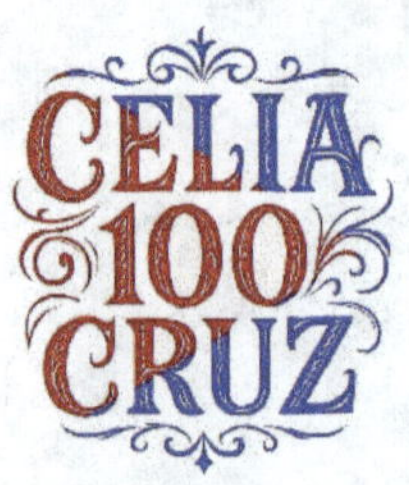

Capítulo 5
BREVE HISTORIA ILUSTRADA*

Nací el 21 de octubre de 1925 en el barrio de Santo Suárez, cerca del parque Tamarindo, en La Habana, Cuba.

¿Mi nombre completo? Nada de Hilaria ni Úrsula, que, aunque mi familia siempre fue muy católica, no me nombraron por el santoral. Apunta ahí: Celia Caridad Cruz Alfonso. ¡Y azúca!

Su padre, Simón Cruz, trabajaba como mecánico en el ferrocarril y su madre, Catalina Alfonso, se ocupaba del hogar y de una familia numerosa. En esa casa de Santo Suarez vivía con primos y otros miembros de la familia, lo que hizo que su casa siempre tuviera un ambiente de bullicio y comunidad.

Desde niña, Celia ya cantaba para los más pequeños de la casa arrullándolos con canciones de cuna, lo que, sin saberlo, era un primer ejercicio de su voz futura.

* Las imágenes presentadas en este capítulo pertenecen a la colección personal del historiador Dr. Emilio Cueto

CELIA CRUZ

Todo el mundo conoce su voz... Pero hay algo que no sabe el público que la ovaciona a diario. Y esto: Celia Cruz está fabricando su casa propia con lo que le produce su voz clara, límpida, amplia, sonora, como la de una campana... Se puede decir que una canción, ella la convierte en un millar de ladrillos, y en otros materiales que intervienen en la fabricación de su casa... "Facundo" de Grenet y "Burundanga" de Bouffartique, dos "hits" en la voz de Celia Cruz.

por DON GALAOR

(Fotos de CHARLIE SEIGLIE)

(Caricatura de ARROYITO)

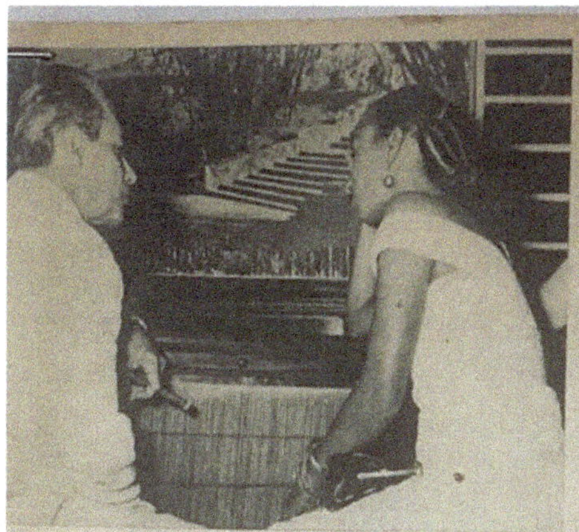

Durante el intermedio, entre show y show, Celia Cruz explicó a Don Galaor cómo logró realizar el sueño de tener su casita....

CELIA CRUZ está cantando. Todo el mundo conoce su voz. Clara, límpida, amplia, sonora como la de una campana. Cuando termina de cantar una canción, el público pide otra. Cada grupo pide un título diferente. Y el barullo que se forma entre los aplausos atronadores, es inmenso.

Siempre ocurre lo mismo. En el teatro. En el cabaret. En el estudio radial. Como ella es incansable, complace a todos. Cada canción que Celia incorpora a su repertorio se convierte rápidamente en un "hit". No importa que el autor, cuando vaya a cobrar sus derechos de propiedad se encuentre con una miseria. Ella populariza la canción que canta. Y si la acabamos de oír por radio. O la hemos visto hace unos minutos por televisión, no es nada extraño que nos topemos con su figura simpática y su voz magnífica en el teatro a donde vayamos esa misma noche. Y hasta en el "show" de algún cabaret, después de la media noche.

—¿Y por qué canta tanto? —Se preguntarán ustedes.

—Porque es muy popular, y su nombre es atracción para todos los públicos. —Habrá quien responda.

—¿Nada más que por eso? —Insistirán ustedes.

—¡Y ya es bastante! —Respondería yo.

Pero hay algo que no sabe el oyente radial, ni el televidente cu-

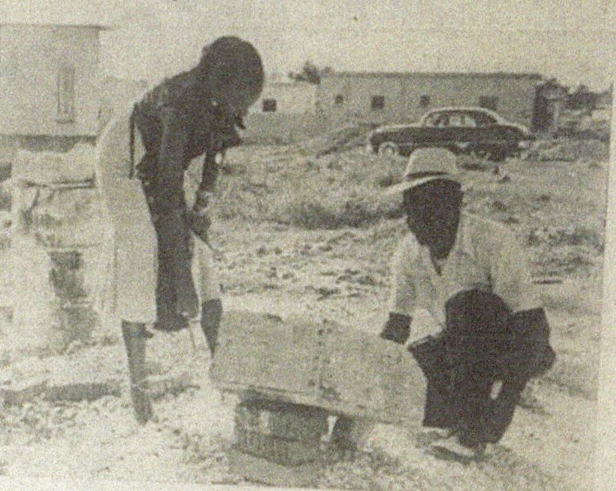

Personalmente, ha vigilado la fabricación de su casa.

¿La están viendo? Un día y otro, en los momentos que sus múltiples compromisos la dejan libre, señala a los hombres lo que quiere dentro de su casita, casi terminada.

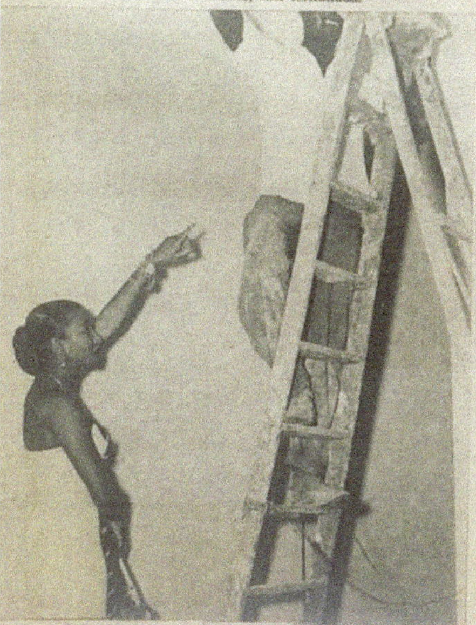

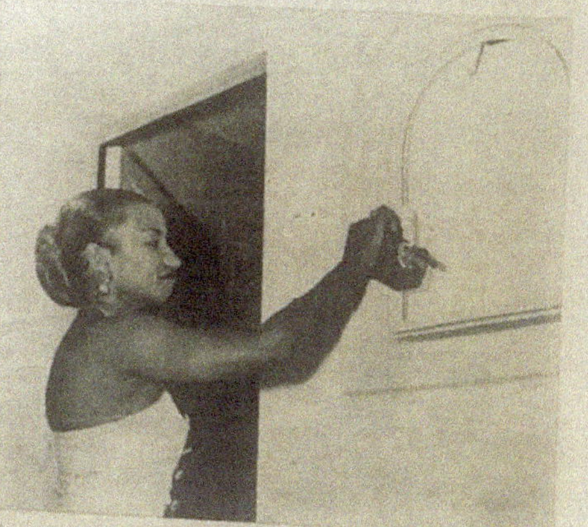

En este nicho va a colocar la imagen de la Virgen de la Caridad que ella venera.

El Santo Suárez de los años 20 era un barrio obrero de La Habana, con calles modestas, portales, patios, radios que llegaban a muchas casas y un ambiente donde la música popular (sones, guarachas y pregones) formaba parte del día a día. Celia era una esponja que absorbió lo mejor de ese ambiente. Algunos cuentan que de niña cantaba en programas de aficionados en la radio local, y que ganó concursos de canto que le dieron algo más que un premio: le dieron tabla y soltura para pararse ante un público y seguir adelante.

Estudió teoría musical, piano y voz en el Conservatorio Nacional de Música, y empezó a recibir reconocimientos en el mundo del espectáculo. Hacia finales de los años cuarenta, Celia ingresó al mundo profesional. Participó en programas de radio, grabó sus primeros temas y empezó a trabajar con agrupaciones musicales en Cuba.

En 1949, fue elegida para incorporarse a la mítica orquesta La Sonora Matancera, uno de los grupos más importantes de la música cubana de la época. Ese paso marcó el tránsito de niña del barrio a estrella emergente: pasó de cantar para primos y vecinos a compartir escenario con músicos que viajarían toda América Latina. Con la Sonora Matancera, grabó temas como "Yerbero moderno" y "Burundanga".

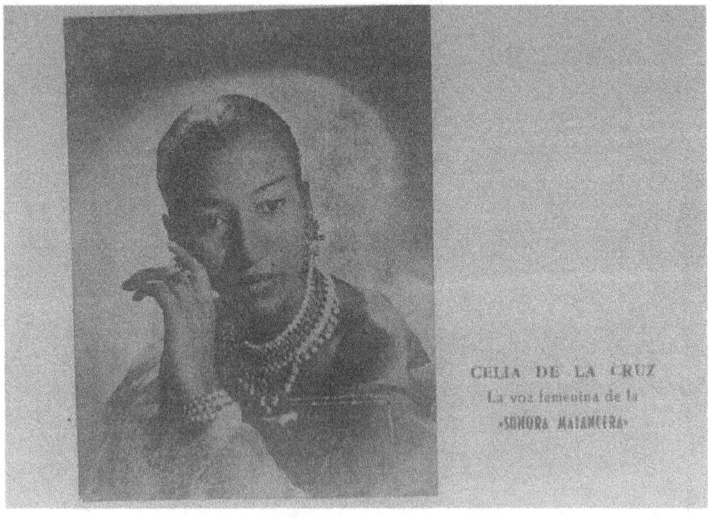

La Sonora Matancera fue la cuna donde Celia conoció al amor de su vida. Pedro Knight, uno de los dos trompetistas de la agrupación, con quien sostuvo una relación que los llevaría al matrimonio, el 14 de julio de 1962, unión amorosa que duró hasta los últimos días de su vida.

Con el triunfo de la revolución en Cuba, los vientos cambiaron drásticamente para los músicos y artistas. A mediados de 1960, la Sonora Matancera —con Celia entre sus voces— salió de Cuba con destino a México para cumplir compromisos y contratos de gira, y desde allí no volvió nunca más a la Isla.

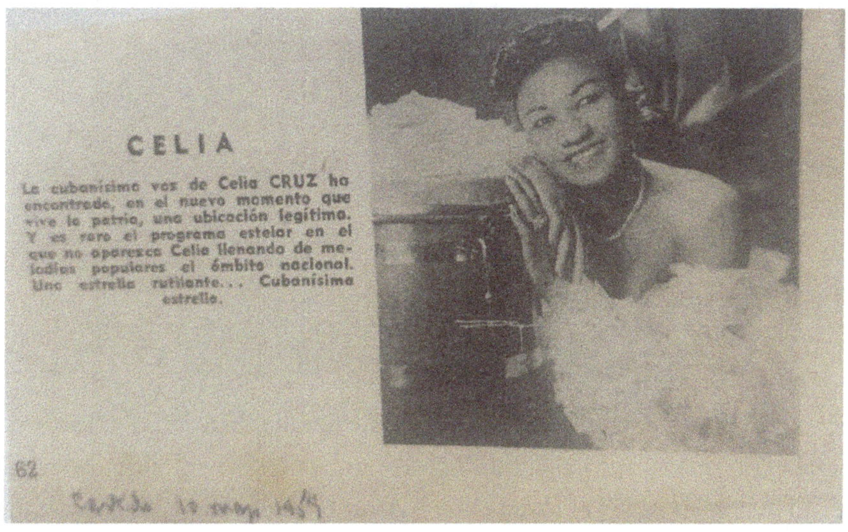

CELIA

La cubanísima voz de Celia CRUZ ha encontrado, en el nuevo momento que vive la patria, una ubicación legítima. Y es raro el programa estelar en el que no aparezca Celia llenando de melodías populares el ámbito nacional. Una estrella rutilante... Cubanísima estrella.

62

Para Celia, Pedro y todos los miembros de La Sonora Matancera bajo la dirección de Rogelio Martínez, ese viaje significó dejar atrás la tierra que los había visto nacer, los famosos cabarets que comenzaban a apagarse, el famoso Teatro Blanquita que ya incluso cambiaba de nombre y -según anécdotas callejeras- donde la última actuación de La Sonora Matancera terminó dejando a Celia sin salario por no haber hecho reverencias a un personaje sombrío sentado en primera fila.

Así, desde las calles de Santo Suárez hasta el escenario internacional, se construye la historia de Celia Cruz. De la niña que cantaba para dormir a los más pequeños, a la voz que cantaría ante multitudes, desde otra tierra, siempre con su pensamiento en Cuba. Su vida en esos primeros años es una llave para entender por qué su música tiene tanto sabor de barrio, de raíz, de verdad. Y por qué, cuando salió de Cuba, se llevó consigo todo un barrio, una isla, un recuerdo.

Cuba - aunque me encuentro lejos de ti
Añoro el verde de tus campos
El azul de tu cielo
El agua clara de tus playas
Y lo ardiente de tu Sol
Una triste tormenta
Está azotando sin descansar
Pero el Sol de tus hijos
Pronto la calma te hará alcanzar

Cuando salí de Cuba
Dejé mi vida dejé mi amor
Cuando salí de Cuba
Dejé enterrado mi corazón

Fragmento de "Cuando salí de Cuba" de Luis Aguilé

El exilio no fue una elección fácil para Celia quien aprendió a llevar esa herida con una sonrisa, una herida que nunca mostró del todo, pero que se adivinaba en cada verso, en cada Azúcar lanzado al aire como conjuro para espantar la tristeza.

Pocos meses después de la salida de La Sonora Matancera a México, la Revolución cubana cambió las reglas del país, y la orquesta que decidió no regresar fue declarada "traidora". Celia quedó prohibida en su propia tierra.

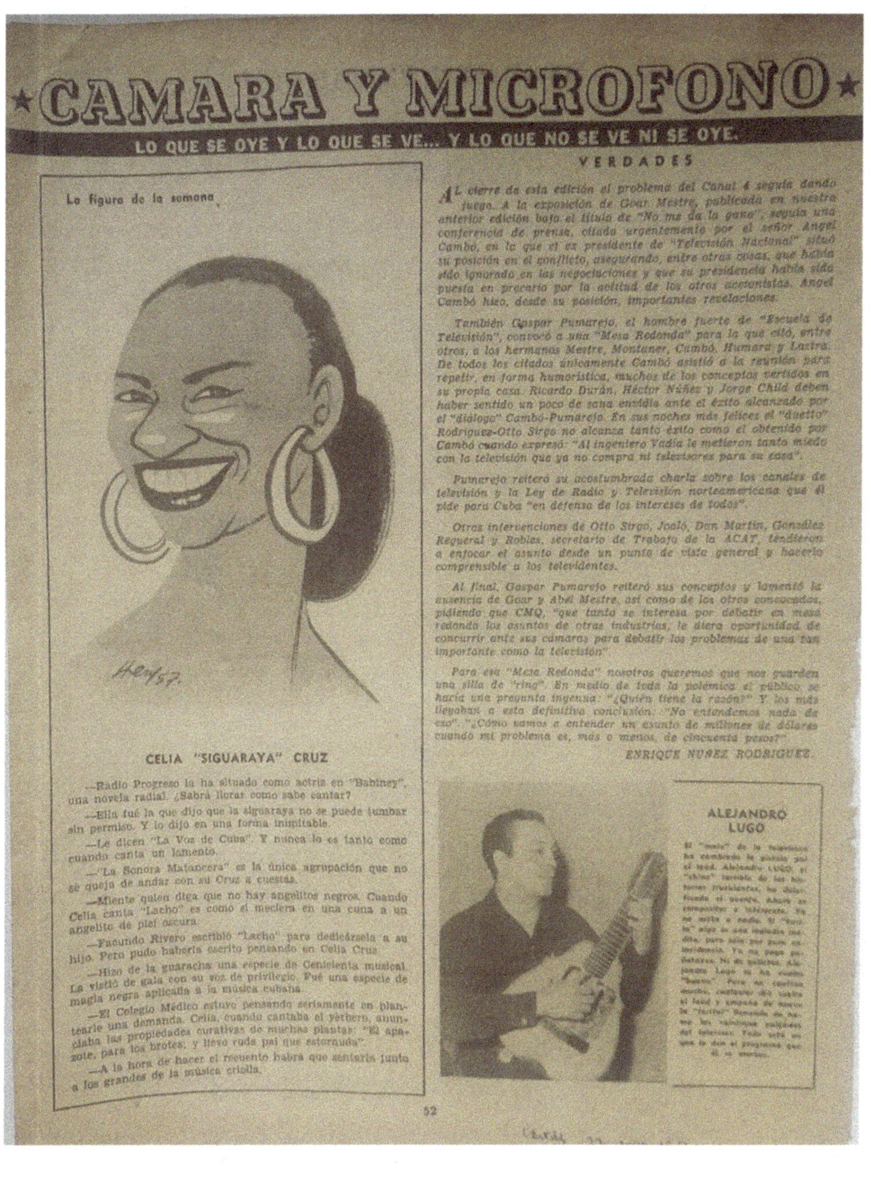

★CAMARA Y MICROFONO★

LO QUE SE OYE Y LO QUE SE VE... Y LO QUE NO SE VE NI SE OYE.

La figura de la semana

CELIA "SIGUARAYA" CRUZ

—Radio Progreso la ha situado como actriz en "Babiney", una novela radial. ¿Sabrá llorar como sabe cantar?

—Ella fué la que dijo que la siguaraya no se puede tumbar sin permiso. Y lo dijo en una forma inimitable.

—Le dicen "La Voz de Cuba". Y nunca lo es tanto como cuando canta un lamento.

—"La Sonora Matancera" es la única agrupación que no se queja de andar con su Cruz a cuestas.

—Miente quien diga que no hay angelitos negros. Cuando Celia canta "Lacho" es como si meciera en una cuna a un angelito de piel oscura.

—Facundo Rivero escribió "Lacho" para dedicársela a su hijo. Pero pudo haberla escrito pensando en Celia Cruz.

—Hizo de la guaracha una especie de Cenicienta musical. La vistió de gala con su voz de privilegio. Fué una especie de magia negra aplicada a la música cubana.

—El Colegio Médico estuvo pensando seriamente en plantearle una demanda. Celia, cuando cantaba el yerbero, anunciaba las propiedades curativas de muchas plantas: "El apazote, para los brotes, y llevo ruda pa' que estornuda".

—A la hora de hacer el recuento habrá que sentarla junto a los grandes de la música criolla.

VERDADES

Al cierre de esta edición el problema del Canal 4 seguía dando juego. A la exposición de Goar Mestre, publicada en nuestra anterior edición bajo el título de "No me da la gana", seguía una conferencia de prensa, citada urgentemente por el señor Angel Cambó, en la que él es presidente de "Televisión Nacional" situó su posición en el conflicto, asegurando, entre otras cosas, que había sido ignorado en las negociaciones y que su presidencia había sido puesta en precario por la actitud de los otros accionistas. Angel Cambó hizo, desde su posición, importantes revelaciones.

También Gaspar Pumarejo, el hombre fuerte de "Escuela de Televisión", convocó a una "Mesa Redonda" para la que citó, entre otros, a los hermanos Mestre, Montaner, Cambó, Humara y Lastra. De todos los citados únicamente Cambó asistió a la reunión para repetir, en forma humorística, muchos de los conceptos vertidos en su propia casa. Ricardo Durán, Héctor Núñez y Jorge Chiú deben haber sentido un poco de sana envidia ante el éxito alcanzado por el "diálogo" Cambó-Pumarejo. En sus noches más felices el "duetto" Rodríguez-Otto Sirgo no alcanza tanto éxito como el obtenido por Cambó cuando expresó: "Al ingeniero Vadía le metieron tanto miedo con la televisión que ya no compra ni televisores para su casa".

Pumarejo reiteró su acostumbrada charla sobre los canales de televisión y la Ley de Radio y Televisión norteamericana que él pide para Cuba "en defensa de los intereses de todos".

Otras intervenciones de Otto Sirgo, Joaló, Dan Martín, González Regueral y Robles, secretario de Trabajo de la ACAT, tendieron a enfocar el asunto desde un punto de vista general y hacerlo comprensible a los televidentes.

Al final, Gaspar Pumarejo reiteró sus conceptos y lamentó la ausencia de Goar y Abel Mestre, así como de los otros convocados, pidiendo que CMQ, "que tanto se interesa por debatir en mesa redonda los asuntos de otras industrias, le diera oportunidad de concurrir ante sus cámaras para debatir los problemas de una tan importante como la televisión".

Para esa "Mesa Redonda" nosotros queremos que nos guarden una silla de "ring". En medio de toda la polémica el público se hacía una pregunta ingenua: "¿Quién tiene la razón?" Y los más llegaban a esta definitiva conclusión: "No entendemos nada de eso". "¿Cómo vamos a entender un asunto de millones de dólares cuando mi problema es, más o menos, de cincuenta pesos?"

ENRIQUE NUÑEZ RODRIGUEZ.

ALEJANDRO LUGO

52

Cuando la noticia le llegó, sintió que el suelo se partía bajo sus pies. En México grabó nuevas canciones, pero ninguna podía borrar la sensación de ausencia. Lloró tanto que pensó que se iba a secar por dentro. Pero comprendió que no podía quedarse llorando, que tenía que cantar. Y eso hizo. En lugar de callarse, Celia convirtió su nostalgia en ritmo. Sus canciones, desde entonces, tuvieron algo de oración.

México la recibió con cariño. Fue allí donde reanudó su carrera, participó en películas musicales y se ganó un público fiel. Fue también en México donde conoció mejor al trompetista Pedro Knight, compañero de La Sonora y futuro amor de su vida.

Poco después partieron a Estados Unidos, donde se casaron en 1962 en Connecticut. El futuro los esperaba, un futuro difícil, pero glorioso.

New York, en los años sesenta, era un hervidero de sonidos primando el jazz, el mambo y el soul… y, poco a poco, la salsa. Allí Celia tuvo que empezar desde cero, en un mundo competitivo y ajeno.

Al principio, los productores no sabían dónde ubicarla. Demasiado cubana para el mercado norteamericano, demasiado clásica para los nuevos ritmos. Pero su talento era imposible de encasillar.

Con el tiempo, su encuentro con Tito Puente, Johnny Pacheco y la familia de Fania Records cambió su destino.

Sus discos *Celia y Johnny*, *Celia y Willie* la colocaron en el trono de la música latina. En el exilio, Celia amplificó su identidad y era lo que el público apreciaba.

En cada escenario que Celia cantaba se convertía en una embajada cubana. Cada canción que Celia dedicaba a su público, era una carta al barrio que había dejado atrás.

Celia convirtió su exilio y el de muchos cubanos amigos, en arte. Canciones como "*Guantanamera*", "*Yerberito Moderno*", "*La vida es un carnaval*" y "*Celia y Tito*" fueron más que éxitos. Fueron declaraciones de esperanza para una generación que no veía perdidos sus sueños de regresar alguna vez a la isla.

Celia y Pedro establecieron su casa en Fort Lee, New Jersey, desde donde irradiaban cubanía. Su hogar era un santuario de recuerdos lleno de fotos de la familia, santos católicos y yorubas, discos, flores y banderas.

Recibía visitas de músicos jóvenes, periodistas y fanáticos de todo el mundo. Siempre con una sonrisa, con un café y con la música sonando.

Esa casa se convirtió en una extensión de su patria, una Cuba chiquita hecha de fe, cariño y ritmo.

El exilio de Celia Cruz fue una de las historias más largas y dignas del arte cubano. Nunca renegó de su país, aunque su país oficialmente la negara hasta al cumplir 100 años.

Gracias a esa fidelidad silenciosa, hoy su voz vuelve a sonar en Cuba y en el mundo como símbolo de lo que ni el tiempo, ni la distancia, ni la censura política pudieron romper.

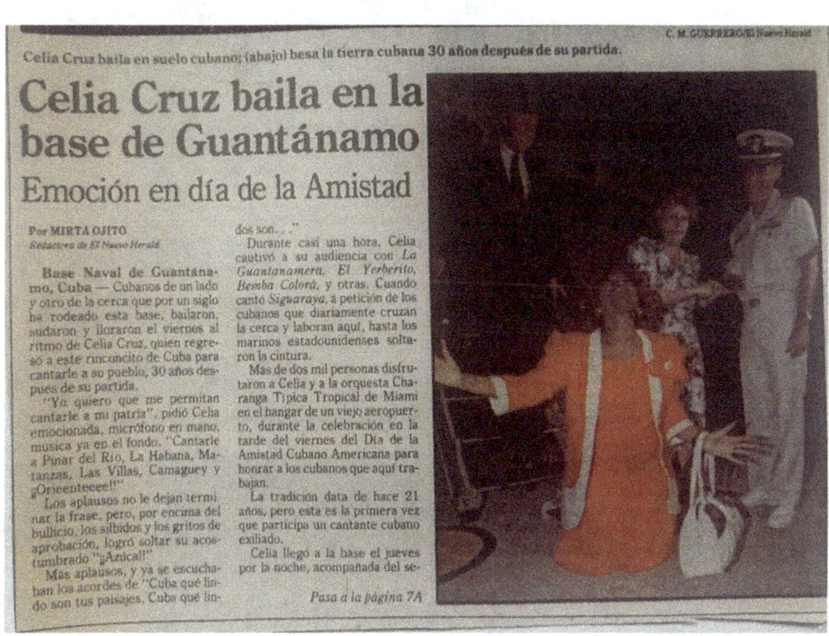

C. M. GUERRERO/El Nuevo Herald

Celia Cruz baila en suelo cubano; (abajo) besa la tierra cubana 30 años después de su partida.

Celia Cruz baila en la base de Guantánamo

Emoción en día de la Amistad

Por MIRTA OJITO
Redactora de El Nuevo Herald

Base Naval de Guantánamo, Cuba — Cubanos de un lado y otro de la cerca que por un siglo ha rodeado esta base, bailaron, sudaron y lloraron el viernes al ritmo de Celia Cruz, quien regresó a este rinconcito de Cuba para cantarle a su pueblo, 30 años después de su partida.

"Yo quiero que me permitan cantarle a mi patria", pidió Celia emocionada, micrófono en mano, música ya en el fondo. "Cantarle a Pinar del Río, La Habana, Matanzas, Las Villas, Camaguey y ¡Orieenteeee!!"

Los aplausos no le dejan terminar la frase, pero, por encima del bullicio, los silbidos y los gritos de aprobación, logró soltar su acostumbrado "¡Azúca!!"

Más aplausos, y ya se escuchaban los acordes de "Cuba qué lindo son tus paisajes, Cuba qué lindos son. . ."

Durante casi una hora, Celia cautivó a su audiencia con *La Guantanamera, El Yerberito, Bemba Colorá*, y otras. Cuando cantó *Siguaraya*, a petición de los cubanos que diariamente cruzan la cerca y laboran aquí, hasta los marinos estadounidenses soltaron la cintura.

Más de dos mil personas disfrutaron a Celia y a la orquesta Charanga Típica Tropical de Miami en el hangar de un viejo aeropuerto, durante la celebración en la tarde del viernes del Día de la Amistad Cubano Americana para honrar a los cubanos que aquí trabajan.

La tradición data de hace 21 años, pero esta es la primera vez que participa un cantante cubano exiliado.

Celia llegó a la base el jueves por la noche, acompañada del se-

Pasa a la página 7A

Cinema 1352 mayo 1962

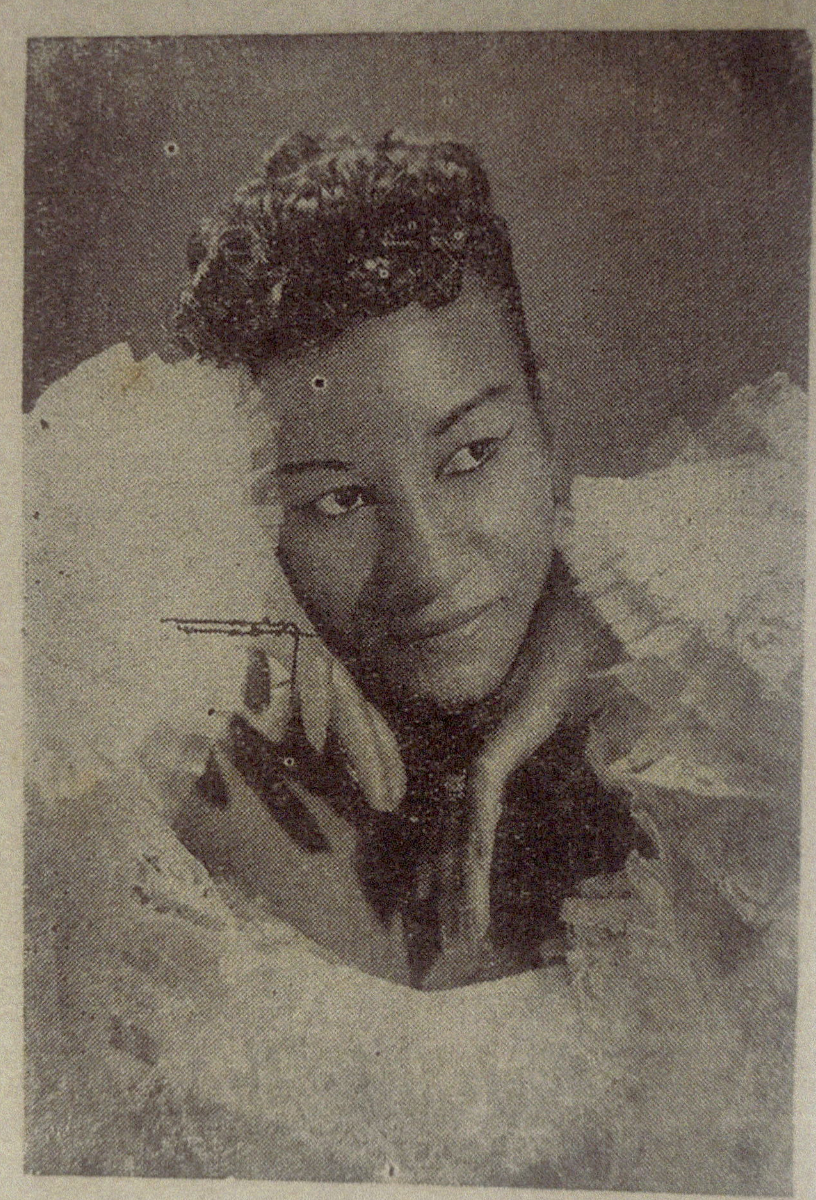

CELIA CRUZ, es única y su estilo inconfundible. La música popular tiene en ella a la intérprete indiscutible. Su fama se extiende a todo el mundo y goza de gran simpatía porque además de ser buena cantante sabe familiarizarse como pocas, con su ambiente.

Amor, Música y Exilio

El amor y la música salvaron a Celia del dolor.

Un amor nacido entre luces y aplausos que conservó la ternura de lo sencillo. El de Celia Cruz y Pedro Knight fue uno de esos amores probado por la distancia y sellado en los escenarios del mundo.

Pedro Knight era trompetista de La Sonora Matancera, el grupo con el que Celia alcanzó la fama en Cuba. Durante años compartieron viajes, giras y canciones pero la relación fue creciendo poco a poco, con discreción. Pedro la admiraba desde el respeto. Celia era la estrella y él con su trompeta daba brillo a sus destellos. Cuando ella sonreía el ensayo se llenaba de luz.

En aquellos años ambos tenían sus caminos y sus reservas. Ella, concentrada en su carrera y él, un hombre alegre y bohemio. Pero la música los unía. Cuando el grupo partió a México en 1960 y comenzó el exilio, ese cambio de vida los acercó definitivamente. En un país nuevo, sin planes ni certezas, encontrarse mutuamente fue su refugio.

Tras emigrar a Estados Unidos en 1962, se casaron en una ceremonia sencilla en Connecticut. Celia solía decir que no había vestido de reina ni joyas, pero que "nunca había sentido tanta felicidad como ese día".

Pedro se convirtió en esposo, manager y protector. Fue él quien organizó su agenda, negoció contratos, cuidó su salud y le recordaba que descansara entre gira y gira. La relación duró más de cuarenta años, marcada por respeto, humor y compañerismo.

El matrimonio Cruz-Knight fue también una sociedad artística. Viajaron por todo el mundo, llevando la bandera de Cuba en sus voces y en sus gestos. Pedro acompañaba a Celia en cada ensayo, en cada grabación, en cada escenario.

Mientras Celia brillaba ante el público, Pedro estaba detrás de bambalinas, atento al sonido, al vestuario, a los músicos. Sabía leerle los gestos y anticipar sus emociones. Si algo salía mal, bastaba una mirada para entenderse. Durante décadas fueron inseparables y esa unión se convirtió en un símbolo de estabilidad en el mundo agitado del espectáculo latino.

El exilio, con todo su peso, se hizo más llevadero gracias a ese amor. Celia perdió su país pero ganó un compañero que la cuidó como se cuida y atesora una gran melodía.

Ambos cargaban la nostalgia de la patria ausente pero la transformaban en alegría. En cada concierto dedicaban una canción a Cuba y cuando el público gritaba su nombre, Celia y Pedro se tomaban de las manos y sonreían. Sabían que, aunque lejos, seguían representando la esencia de su tierra.

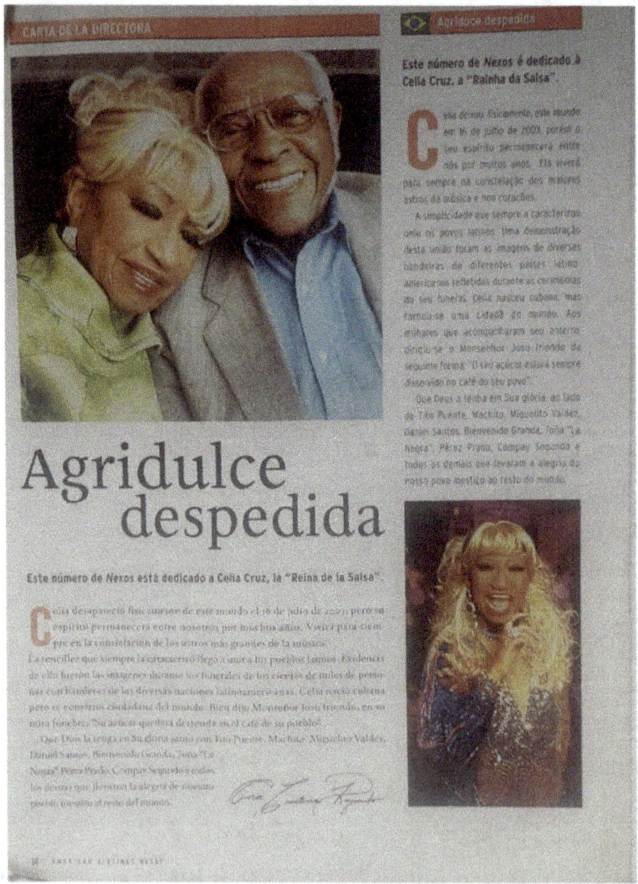

CARTA DE LA DIRECTORA

Agridulce despedida

Este número de *Nexos* está dedicado a Celia Cruz, la "Reina de la Salsa".

Agridulce despedida

Este número de *Nexos* é dedicado à Celia Cruz, a "Rainha da Salsa".

En 2002, cuando la salud de Celia comenzó a deteriorarse, Pedro fue su sostén más firme. La acompañó a los estudios, a los hospitales, a los homenajes, siempre con discreción y amor.

Celia falleció el 16 de Julio de 2003 y a partir de ese momento Pedro se dedicó a preservar su legado con la Fundación Celia Cruz, asegurando que su historia no se perdiera. Murió en 2007, y sus restos reposan junto a los de ella en el cementerio Woodlawn de New York.

Así, incluso después de la vida, siguen juntos el amor y la música, el trompetista y la Reina.

Celia y Pedro representan algo más que una historia romántica. Representan el poder del amor en medio del exilio, la fidelidad al arte y la complicidad para llevar juntos sus vidas felices.

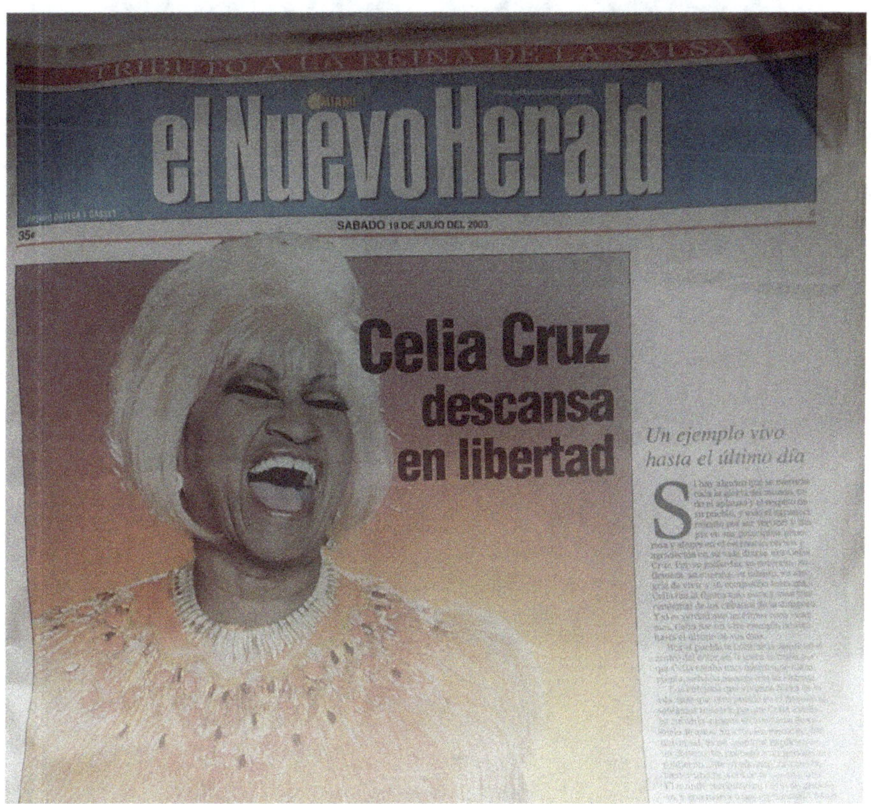

TRIBUTO A LA REINA DE LA SALSA

el Nuevo Herald

35¢

SABADO 19 DE JULIO DEL 2003

Celia Cruz descansa en libertad

Un ejemplo vivo hasta el último día

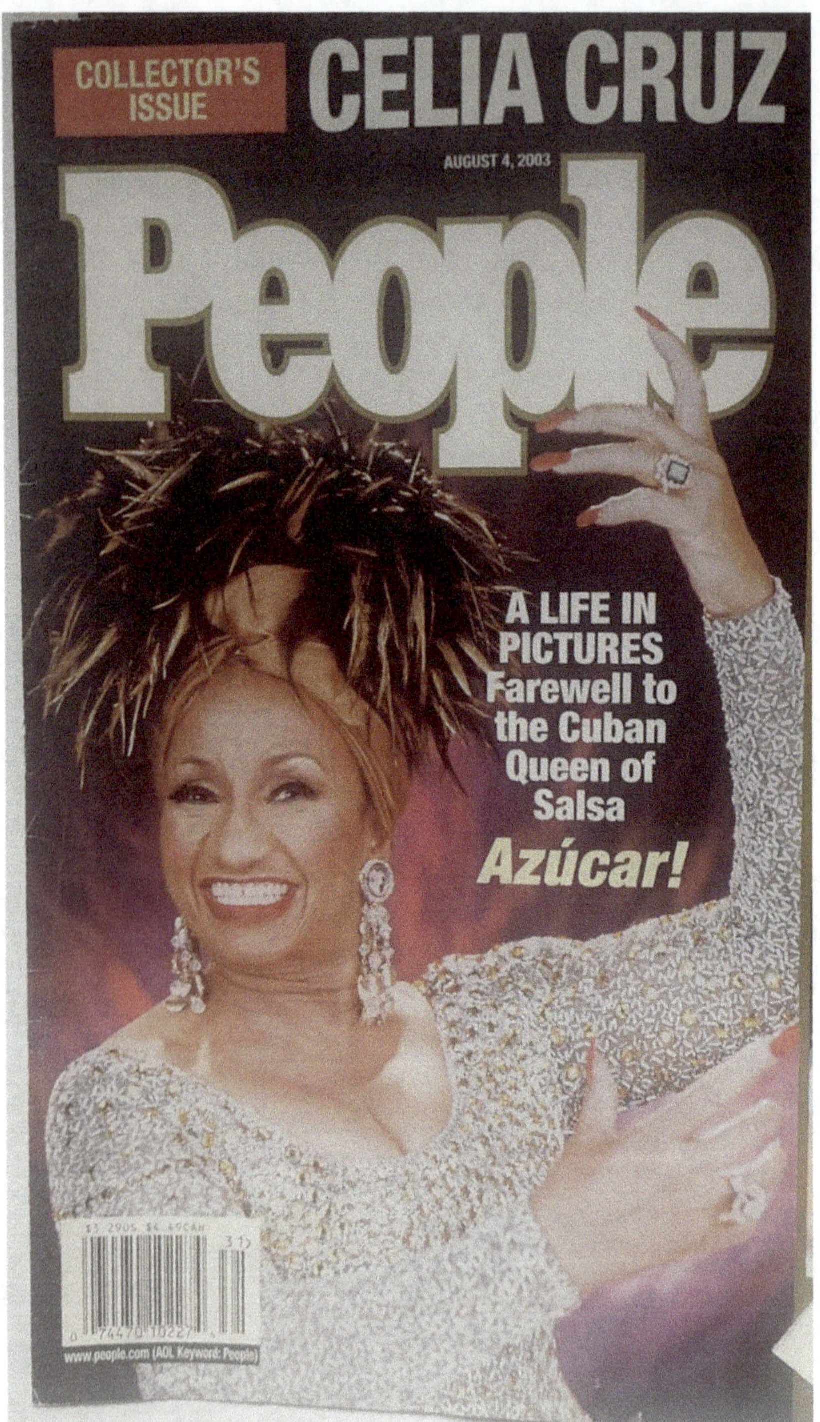
COLLECTOR'S ISSUE
CELIA CRUZ
AUGUST 4, 2003
People
A LIFE IN PICTURES
Farewell to the Cuban Queen of Salsa
Azúcar!
www.people.com (AOL Keyword: People)

Constelaciones

Celia Cruz es una de las figuras que ha sido inmortalizada en estrellas de fama alrededor del mundo.

Una de las primeras ubicaciones físicas de reconocimiento internacional fue la estrella dedicada a Celia Cruz en 1987 en el paseo de la fama de Hollywood. La voz que nació en La Habana y conquistó el corazón de muchos en los Estados Unidos y Latinoamérica, es la estrella que confirma que su legado trasciende fronteras.

Y desde ese momento ya todos querían tener su propia estrella de Celia. La diáspora latinoamericana en Estados Unidos abrazó la figura de Celia Cruz y la convirtió en emblema propio. Otros países como México, Venezuela y Colombia le han rendido homenajes que van desde estrellas hasta carnavales.

Los Ángeles, USA - Hollywood Walk of Fame - 17-Septiembre-1987

Miami, USA - Calle Ocho Walk of Fame (Little Havana) dedicada en 1991

Caracas, Venezuela - Paseo de la Fama "Boulevard Amador Bendayán" - 1995

Ciudad de México, México - Plaza de las Estrellas (Paseo de las Luminarias) - 1996

Miami Beach, USA - Walk of Fame del Jackie Gleason Theater - 2001

Union City, New Jersey, USA - Celia Cruz Park (estrella en la acera del parque) - 2004

Fort Lee, New Jersey, USA - Barrymore Film Center "Walk of Fame" - Mayo 2025

La Habana, Cuba - Fábrica de Arte Cubano, Paseo de la Fama Nave 4 - Octubre 2025 - Regreso simbólico a su patria en el centenario de su natalicio.

Nombran Celia Cruz a escuela del Bronx

EFE
NUEVA YORK

El alcalde Michael Bloomberg anunció ayer la apertura de una escuela en el Bronx que llevará el nombre de la "reina de la salsa", Celia Cruz, fallecida en julio, y la dedicación también del Festival Latino de Nueva York.

"Esta nueva escuela seguirá inspirando a mentes jóvenes y creativas a perseguir sus propios sueños artísticos, de la misma forma que la creatividad y el encanto de Celia inspiró a nuestra ciudad", señaló el alcalde durante una visita que realizó hoy al condado del Bronx, con mayoría de población hispana.

En el nuevo centro, además de los cursos regulares de la enseñanza secundaria, se impartirán otros dedicados a la instrucción musical y a la interpretación, en colaboración con Lehman College.

El Lehman College Celia Cruz Bronx High School of Music estará ubicado en el De Witt Clinton High School y ha recibido alrededor de 700 solicitudes de alumnos de octavo grado, de los que alrededor del medio millar participaron en audiciones para formar parte de la banda y del coro.

La escuela ha admitido a 90 alumnos y continuará aceptando una cifra similar en los próximos años.

"No hay una falta de talento en esta ciudad, especialmente en el Bronx, y este centro de música dará a estudiantes con talento y cualidades la oportunidad de aprender y crecer", señaló William Rodríguez, director del centro.

Bloomberg también señaló que el Festival Latino de Nueva York, que organiza la ciudad

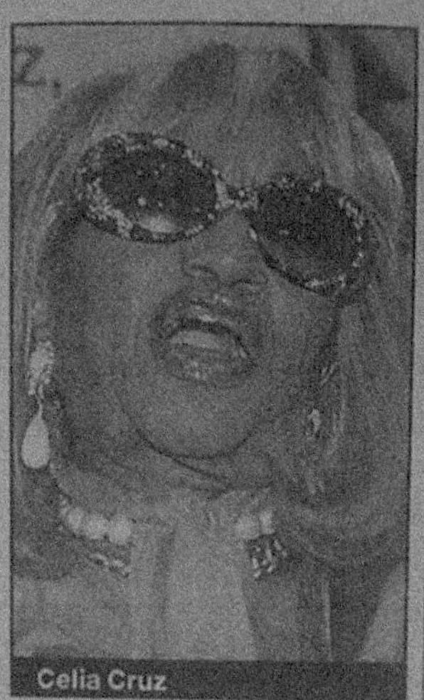
Celia Cruz

También le dedicarán el Festival Latino de Nueva York

por primera vez y se celebra entre finales de agosto y primeros de septiembre, estará dedicado a Celia Cruz.

En este Festival se incluyen actuaciones musicales al aire libre en espacios públicos, baile, exhibiciones de artistas plásticos latinos y un congreso dedicado a la salsa, en el que durante cuatro días se ofrecerán clases y actuaciones con conocidos expertos.

El festival está producido por NYC & Company, que es la entidad municipal dedicada a promocionar el turismo, y su presidenta Chistyne Nicholas ha resaltado "el creciente papel" que la cultura hispana tiene en una industria que genera un volumen de negocio de $25,000 millones.

La estrella de regreso a La Habana. Fábrica de Arte Cubano

Quizás uno de los gestos más cargados de simbolismo haya sido la develación de una estrella para Celia Cruz en la Fábrica de Arte Cubano que tuvo lugar el 21 de octubre de 2025, justo el día de su cumpleaños 100. Aunque ella nunca pudo residir de nuevo en la isla, esta estrella representa una especie de retorno simbólico. Lo que quiso acallar la censura, se convirtió en un mensaje que resuena hoy en todo el mundo. *"Fábrica de Arte Cubano, comprometida con elevar la cultura y el arte, se enorgullece en develar una estrella en honor al centenario de Celia Cruz."*

El contexto es más intenso porque ese homenaje se produjo en medio de un ambiente en el que el ministerio de cultura de Cuba quiso impedir todas las actividades programadas para la celebración del Centenario de Celia, incluyendo la cancelación de la obra "Celia 100 Años" de Teatro El Publico.

La multiplicidad de estrellas físicas y simbólicas de Celia Cruz -calles, plazas, placas, monumentos, museos- muestra que su legado no está confinado a un solo país o idioma. Muchas de estas estrellas se erigen en espacios públicos donde su nombre se vuelve parte del paisaje cotidiano. Cuando un nombre se escribe en la ciudad, se convierte en parte del acervo visual y urbano de una comunidad. Y eso es lo que llevan intentando evitar las autoridades de Cuba por más de 60 años.

El hecho de que la Fábrica de Arte Cubano haya colocado la estrella de Celia en el momento de su centenario, mientras otros homenajes en la isla fueron cancelados o ignorados, hace que este reconocimiento tenga doble valor. No solo es un homenaje artístico-cultural sino también un acto de reparación y valentía frente a mecanismos de invisibilización que han durado más de seis décadas. En este sentido, la estrella aparece como una victoria simbólica, haciendo patente que, aunque Celia no pudo regresar físicamente a la isla, su nombre sigue presente en la ciudad que la vio nacer.

Cuando caminas por una calle que lleva el nombre de Celia Cruz, o ves su estrella al pie de un edificio, estás ante la huella de un legado que desafió el silencio. Cada una de esas estrellas que se iluminan en Los Ángeles, en Miami, en La Habana, en New York, habla de una mujer que elevó la alegría y la música de un pueblo a escala mundial. Y que hoy, a cien años de su nacimiento, sigue sumando estrellas y corazones.

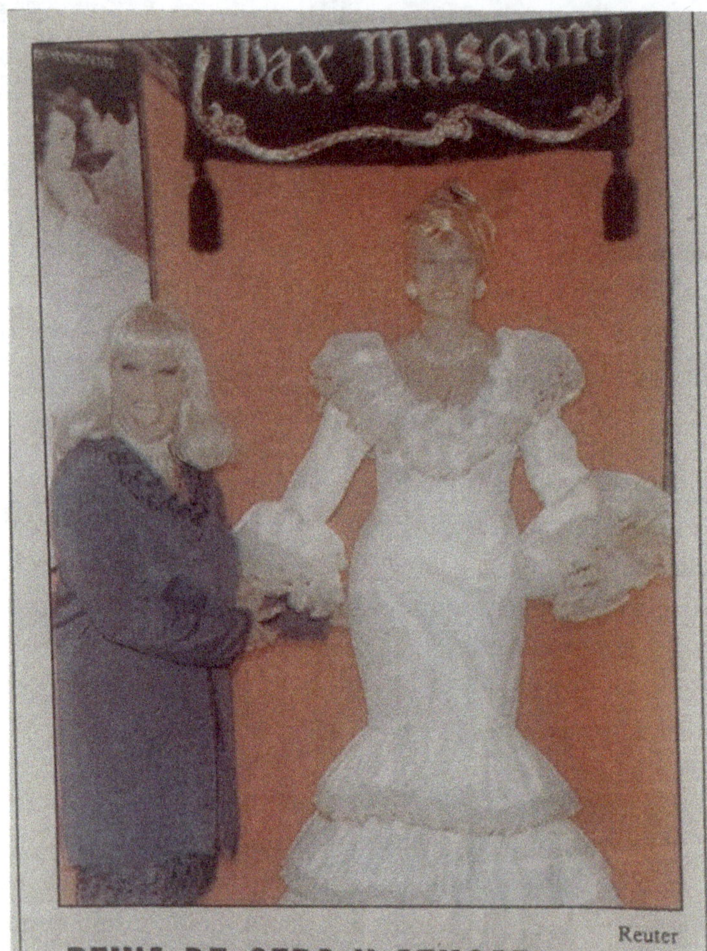

Reuter

REINA DE CERA Y AZUCAR

La cantante exiliada cubana Celia Cruz, conocida como 'la reina de la salsa', posa el lunes junto a su efigie en el Museo de Cera de Hollywood.

Premios en la vitrina y una corona en el alma

En la vida de Celia Cruz todos los premios que ella recibió fueron destellos. Su luz vino de la alegría compartida, del son que enaltece al barrio, de la dignidad de una voz que traspasó fronteras. Aun así, vale la pena mirar su vitrina, porque allí también se cuenta la historia de una artista que convirtió la música en patria.

Sus 3 premios Grammy

1990 - 32 edición. Categoría: Best Tropical Latin Performance. Obra: *Ritmo en el corazón* - Celia Cruz & Ray Barretto.

2003 - 45 edición. Categoría: Best Salsa Album Obra: *La Negra Tiene Tumbao.*

2004 - 46 edición (póstumo). Categoría: Best Salsa/Merengue Album. Obra: *Regalo del Alma.* Su álbum de despedida ganó en los Grammy al año siguiente de su partida.

Distinción especial de la Academia

2016 – Recording Academy Lifetime Achievement Award (póstumo). Reconoce la trayectoria de Celia por su relevancia histórica.

Sus 4 premios Latin Grammy

2000 - 1ra edición. Categoría: Best Salsa Performance. Obra: *Celia Cruz and Friends: A Night of Salsa* (álbum en vivo).

2001 - 2da edición. Categoría: Best Traditional Tropical Album. Obra: *Siempre Viviré.* Un trabajo cargado de pura tradición.

2002 - 3ra edición. Categoría: Best Salsa Album. Obra: *La Negra Tiene Tumbao.* Momento icónico de la ceremonia.

2004 – 5ta edición (póstumo). Categoría: Best Salsa Album. Obra: *Regalo del Alma.* Confirmó que su legado seguía vivo en los escenarios y en el corazón del público.

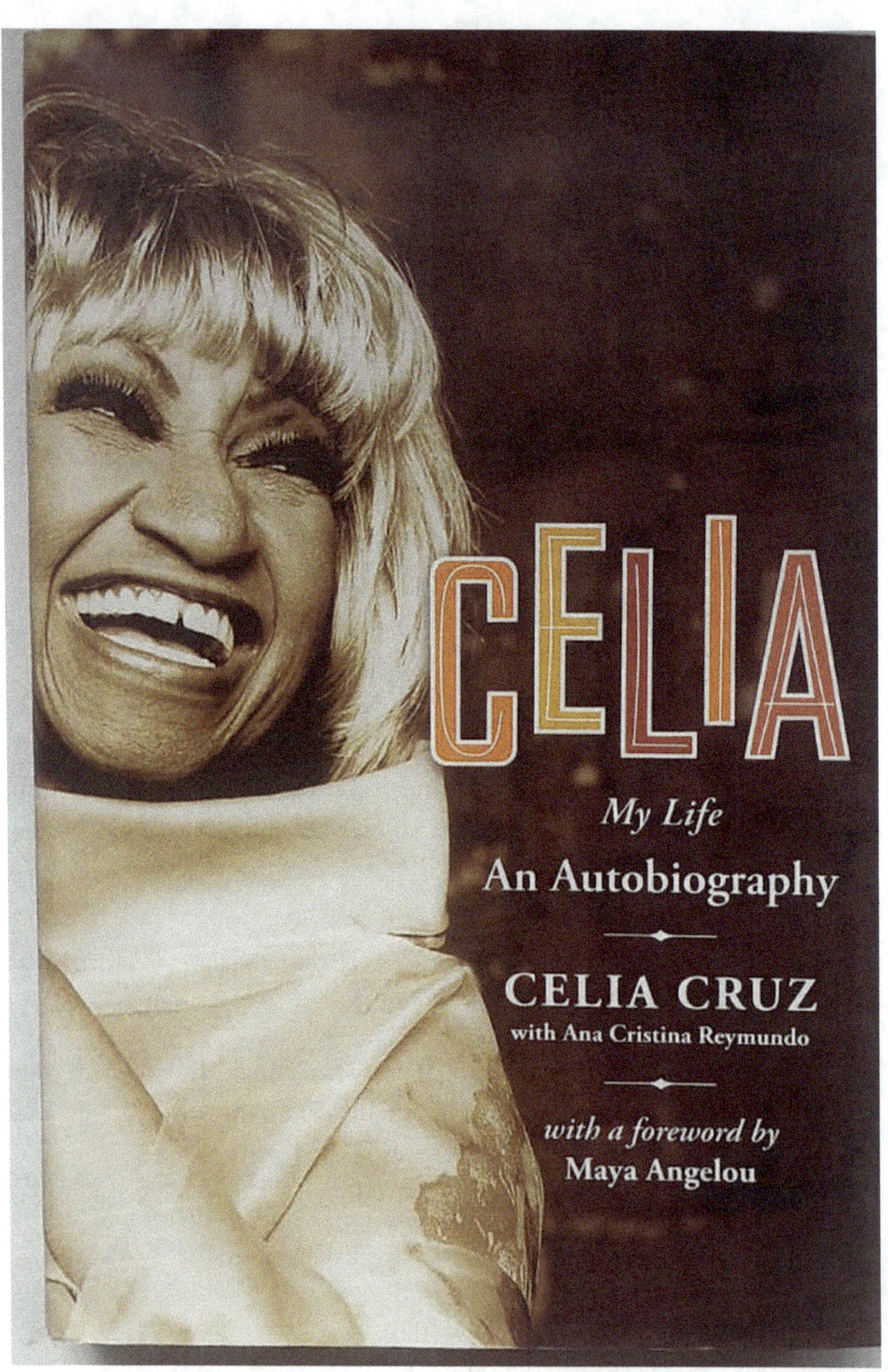
CELIA
My Life
An Autobiography
CELIA CRUZ
with Ana Cristina Reymundo
with a foreword by
Maya Angelou

Otros premios y honores importantes

Premio Lo Nuestro - "Excellence Award" en 1990. Celia fue la primera artista en recibir este galardón especial de Univisión, otorgado a la trayectoria.

Billboard Latin Music Hall of Fame en 1994. Ingreso al Salón de la Fama de *Billboard* por su aporte histórico a la música latina.

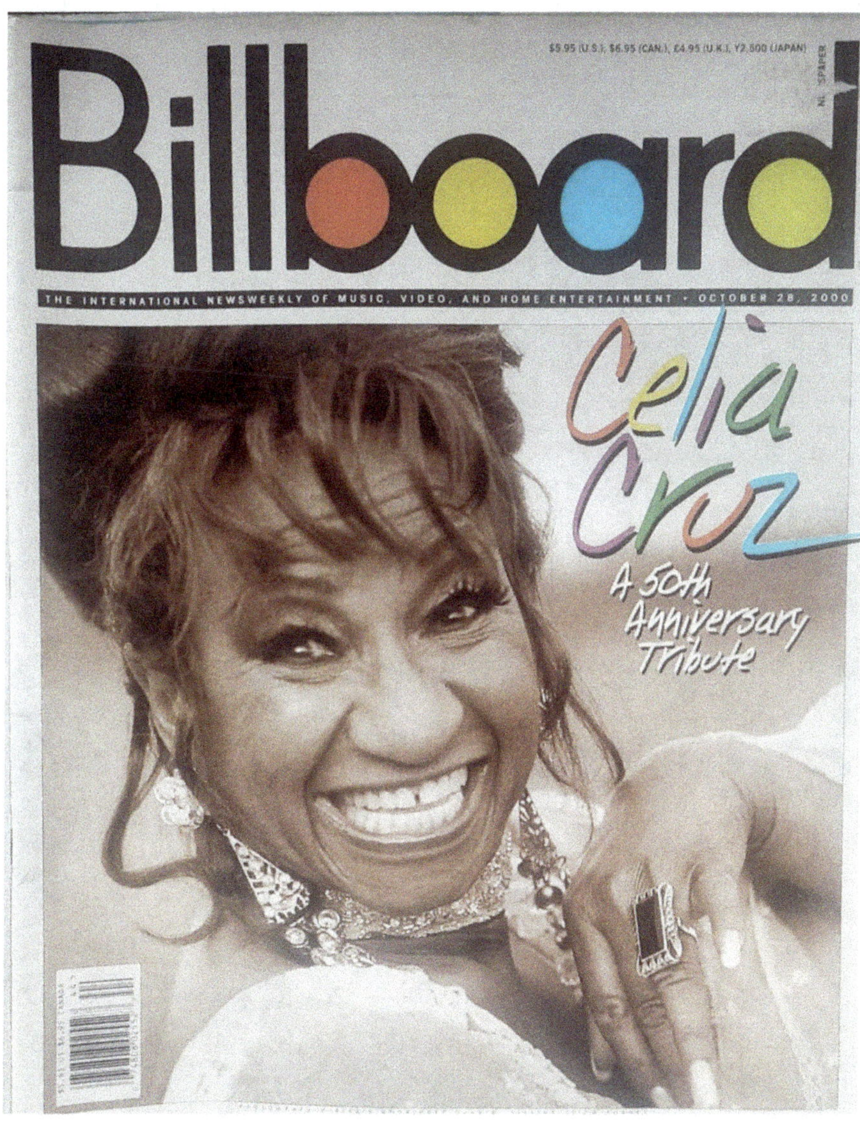

Homenajes filatélicos y cívicos en USA

Sello postal "Latin Music Legends" en 2011 con su imagen y moneda de 25 centavos en 2024 del programa American Women Quarters, la primera vez que una afrolatina aparece en una moneda de curso legal en Estados Unidos.

Después de esta lista resumida e incompleta y de contar trofeos, queda la esencia del mayor premio de Celia que fue el título que le dio su propio pueblo, La Reina de la Salsa.

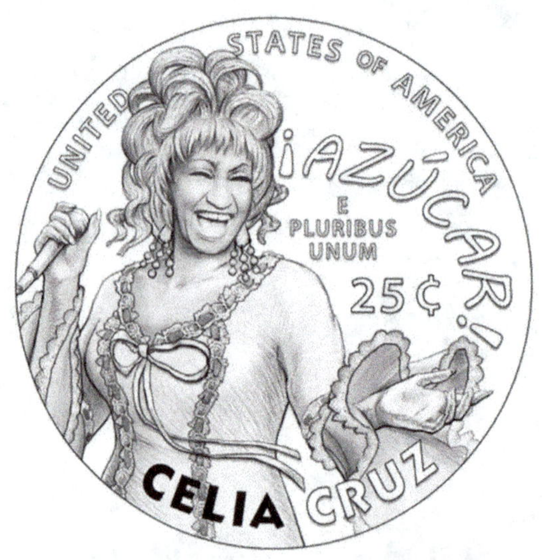

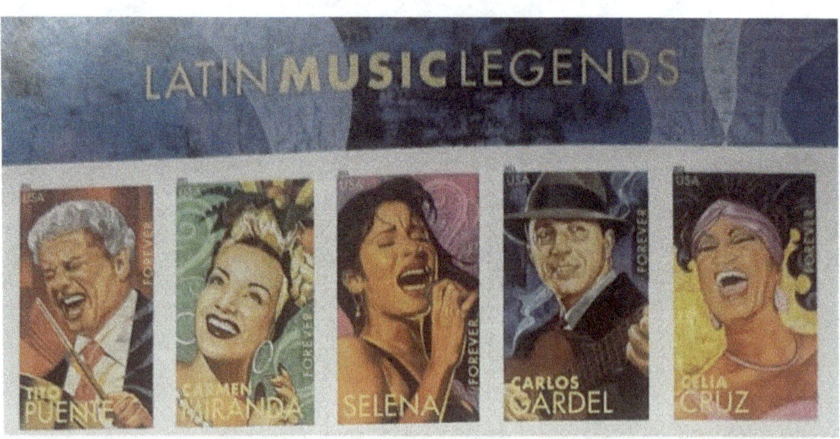

Raíces de Fe

En Cuba, la devoción a "Cachita" es parte del alma popular. Cada 8 de septiembre, las iglesias se llenan de flores amarillas, velas y promesas. Celia recordaría siempre esas festividades como momentos de comunión y esperanza. Para ella, la Virgen de la Caridad del Cobre era la presencia maternal que unía al pueblo sin importar distancia ni circunstancia.

Aquella niña que soñaba con cantar en la radio también soñaba con un país donde la bondad y la alegría fueran más fuertes que la tristeza. De algún modo, en su corazón nacía ya la convicción de que su talento sería un don, y que debía multiplicarlo para dar alegría al mundo, una forma de caridad que también era una oración.

Desde su exilio en New York, donde inició una nueva etapa artística, Celia mantuvo viva su conexión con la Virgen. Tenía una pequeña imagen de Cachita en su camerino y otra en su casa. Antes de cada concierto le pedía fuerza, energía y protección. Esa espiritualidad sencilla y sincera era su refugio ante el cansancio de las giras y la soledad del exilio. La Virgen de la Caridad se convirtió para Celia en el símbolo de Cuba ausente, la patria perdida, la madre que esperaba. Cada vez que cantaba *Guantanamera* o *Cuba que lindos son tus paisajes*, lo hacía con la emoción de quien le canta a su tierra a través de la fe.

Con el paso de los años Celia y Pedro hicieron de Miami su segundo hogar. Allí, a orillas de la bahía, se erige la Ermita de la Caridad del Cobre, el santuario levantado por los exiliados cubanos como tributo a su patrona y a la esperanza del retorno. La Ermita es un pedacito de Cuba en tierra lejana y para Celia fue siempre un lugar de profundo significado.

En cada oportunidad que tenía en su paso por Miami, visitaba la Ermita, algunas veces en ceremonias o actos benéficos y otras, de manera discreta, entrando sin anunciarse, vestida de forma sencilla, para rezar o encender una vela. Era su manera de reconectar con sus raíces, con los millones de cubanos que, como ella, llevaban la patria en el alma.

La imagen de Celia Cruz arrodillada frente a la Virgen, con sus manos entrelazadas y su mirada humilde, contrastaba con la estrella que era sobre los escenarios. Allí no había lentejuelas ni orquestas, solo una mujer agradecida que reconocía que su talento y su éxito eran un regalo divino.

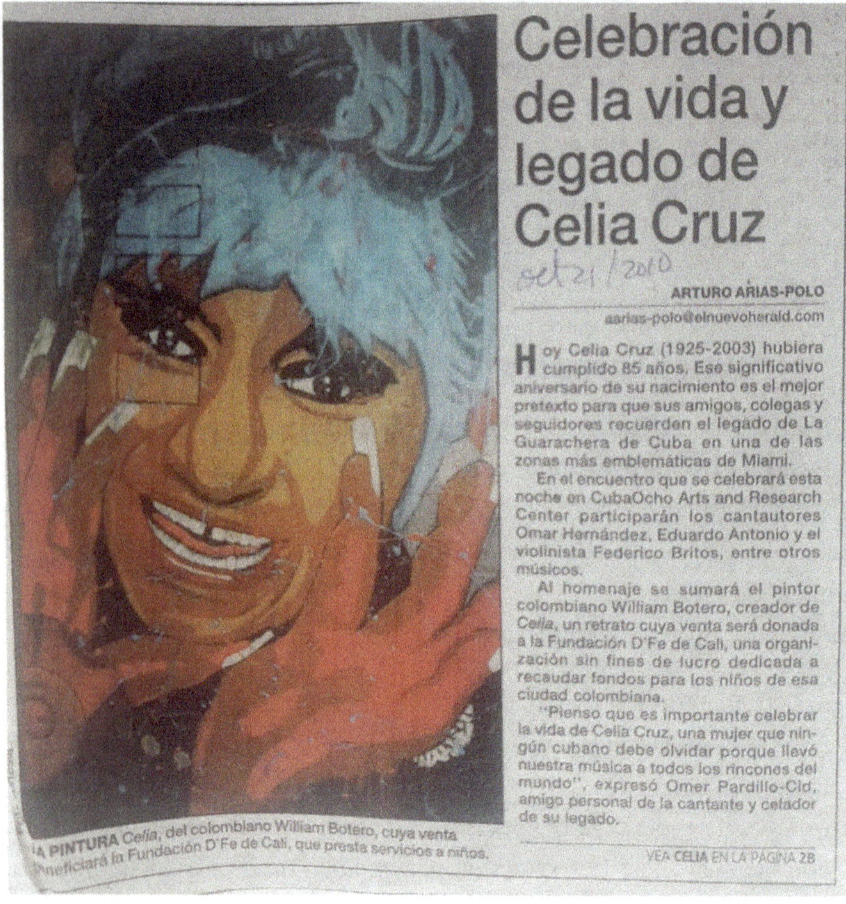

Celebración de la vida y legado de Celia Cruz

ARTURO ARIAS-POLO
aarias-polo@elnuevoherald.com

Hoy Celia Cruz (1925-2003) hubiera cumplido 85 años. Ese significativo aniversario de su nacimiento es el mejor pretexto para que sus amigos, colegas y seguidores recuerden el legado de La Guarachera de Cuba en una de las zonas más emblemáticas de Miami.

En el encuentro que se celebrará esta noche en CubaOcho Arts and Research Center participarán los cantautores Omar Hernández, Eduardo Antonio y el violinista Federico Britos, entre otros músicos.

Al homenaje se sumará el pintor colombiano William Botero, creador de *Celia*, un retrato cuya venta será donada a la Fundación D'Fe de Cali, una organización sin fines de lucro dedicada a recaudar fondos para los niños de esa ciudad colombiana.

"Pienso que es importante celebrar la vida de Celia Cruz, una mujer que ningún cubano debe olvidar porque llevó nuestra música a todos los rincones del mundo", expresó Omer Pardillo-Cid, amigo personal de la cantante y celador de su legado.

VEA CELIA EN LA PÁGINA 2B

A PINTURA *Celia*, del colombiano William Botero, cuya venta neficiará la Fundación D'Fe de Cali, que presta servicios a niños.

Más allá de la fama y los aplausos, Celia practicó una caridad silenciosa. Conocía la pobreza y sabía lo que era necesitar una mano amiga. Por eso, a lo largo de su vida apoyó múltiples obras benéficas, muchas de ellas vinculadas a instituciones religiosas.

Colaboró con campañas de ayuda a niños enfermos, con parroquias que asistían a familias inmigrantes recién llegadas, y con iniciativas para becar a jóvenes latinos interesados en la música. En Miami, New York y Puerto Rico, sus donaciones ayudaron a mantener comedores comunitarios y a financiar misiones católicas. En más de una ocasión, sus aportes fueron anónimos. Pedro contaba que Celia prefería hacerlo en silencio: "Ella decía que cuando uno ayuda, no hay que tocar trompetas".

Celia creía que Dios se manifestaba en la música, en la energía que une a la gente cuando baila o canta. "Cantar es rezar dos veces", decía, parafraseando a San Agustín. Cada *Azúcar* que lanzaba al aire era más que un grito de identidad. Era un agradecimiento, una exclamación de vida que mezclaba fe, arte y esperanza.

Tras su fallecimiento en 2003, su cuerpo fue llevado a Miami, donde miles de personas acudieron a la Ermita de la Caridad para rendirle homenaje. La escena fue conmovedora. Frente al altar la Virgen de la Caridad parecía acoger a su hija más alegre. Entre rezos y canciones el pueblo cubano en el exilio despedía a Celia con lágrimas, flores y música. Monseñor Agustín Román, otrora obispo auxiliar de la Arquidiócesis de Miami le dedicó estas palabras "*La libertad se sintetizó en tu voz que, ni en su canto ni en su denuncia, pudo ser silenciada.*"

El réquiem en su honor reunió a todas las generaciones de cubanos que habían encontrado en Celia una razón para seguir amando su tierra desde lejos. Era un reencuentro entre fe y nación. En las notas de las canciones que sonaron muchos vieron un acto de trascendencia cuando la artista que había llenado de vida el mundo regresaba simbólicamente al corazón de su pueblo, bajo la mirada de la Virgen de la Caridad que la protegió siempre.

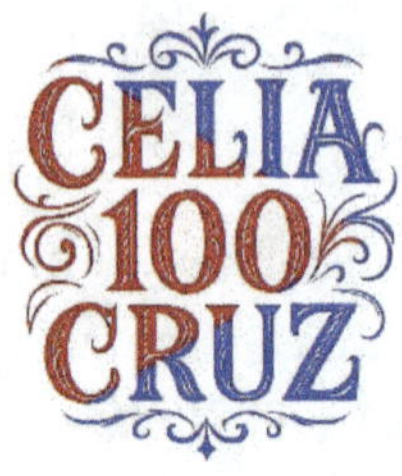

EPILOGO

Si llegaste hasta estas páginas seguramente habrás notado que este libro no ha intentado ser una biografía exhaustiva ni un compendio cronológico de la vida de Celia Cruz. No he intentado hacer un recuento detallado de su infancia, ni una enumeración completa de discos, premios o giras. No era ese mi propósito.

Este libro nació de un momento concreto, de unos días precisos en Cuba, alrededor del centenario de su nacimiento. Nació del silencio, de las cancelaciones, de los gestos discretos, de las voces que se alzaron a pesar de todo. Por eso, más que contar la historia de Celia, este libro quiso contar cómo su ausencia fue gestionada y cómo su presencia reapareció, incluso allí donde durante décadas se intentó borrar su nombre.

En este breve recorrido final solo quise recordar el hecho de que Celia Cruz es una de las artistas cubanas más universales de todos los tiempos; que llevó la música de la isla a los escenarios más grandes del mundo; que ganó premios, llenó teatros, rompió barreras raciales y culturales, y se convirtió en símbolo de una diáspora que encontró en su voz identidad y consuelo. Y, sobre todo, que todo eso ocurrió mientras su nombre era silenciado, censurado o evitado en el relato oficial de su propio país.

Si este libro te ha despertado curiosidad, incomodidad o emoción, si ha dejado preguntas abiertas o ganas de saber más, entonces ha cumplido su cometido. La vida de Celia Cruz es demasiado vasta para caber en estas pocas páginas, y por suerte existen otros libros de brillantes autores, otras investigaciones, otras miradas que la exploran con profundidad y detalle.

Este no es un punto final. Es una invitación a que sigas leyendo, que sigas escuchando y que sigas buscando a Celia "*en el alma de mi gente, en el cuero del tambor, en las manos del conguero, en los pies del bailador*".

Celia vive en la memoria sonora de Cuba que dejaremos en heredad a las próximas generaciones, en los patios del exilio que añora volver a pisar las calles de su natal ciudad, y reposa eternamente en ese lugar indestructible donde están los que nunca pudieron ser silenciados.

Biografía del autor

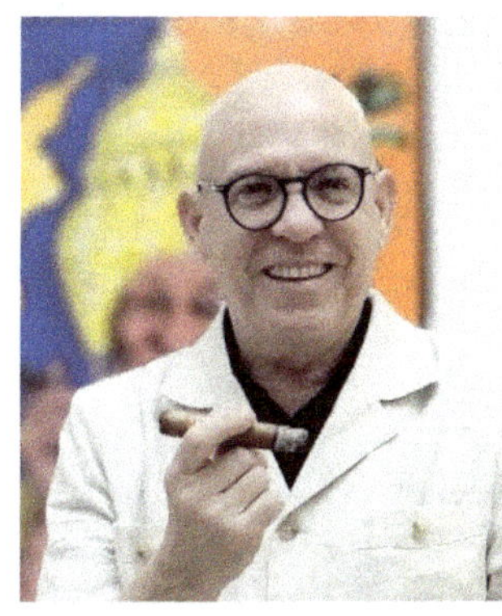
Elmer Castillo. Guantánamo, Cuba, 1970.

Graduado de Tecnologías de la Información en Universidad Alcalá de Henares, Madrid 2008. Formación artística autodidacta. Hizo su primera exposición personal sobre Papel Manufacturado en Galería La Celosía de Guantánamo en 1998. Fue fundador, diseñador y editor de la Revista "Viña Joven" en la Arquidiócesis de Santiago de Cuba entre 1999 a 2003 en la que colaboraba con artículos sobre el mundo del arte. Participó como miembro curador del Salón de Arte Religioso de Santiago de Cuba en varias ediciones a inicios del año 2000.

En el 2002 fijó su residencia en Madrid ampliando su trabajo artístico en el diseño y la fotografía. Ha participado en exposiciones colectivas en Miami, La Habana, Bérgamo, Madrid, Varsovia, Alemania entre otras. En 2013 tuvo su primera expo personal en USA con la serie Catedrales de Cuba en Hartford Public Library en Connecticut.

En 2023 fue curador y artista de la exposición "Vuelve a nosotros tus ojos", homenaje a la Virgen de la Caridad que aglutinó a 22 artistas cubanos residentes dentro y fuera de Cuba que fue presentada en el Museo Cuba Ocho de Miami, Florida.

Elmer Castillo reside en Miami desde 2016 donde continúa su pasión por la innovación en el arte contemporáneo. Colabora con el Condado de Miami-Dade en eventos culturales. Es Asesor de Eventos y Curador de exposiciones audiovisuales de La Mansión Castillo en La Habana, Cuba desde donde colabora con coleccionistas y comisarios de diversas galerías de La Habana, Miami, Bérgamo, New York y Madrid.

Es autor del libro "Arte y Habanos. Humo y Pinceladas", reseña histórica y pictórica del mundo del tabaco publicado por ArtHabanos en 2025.

Biografía del autor

www.ingramcontent.com/pod-product-compliance
Lightning Source LLC
LaVergne TN
LVHW010617110826
845149LV00003B/946

* 9 7 9 8 9 9 3 0 8 8 8 3 9 *